ACCESO GRATIS *a la Lectura en la Nube*

AF237849

Para visualizar el libro electrónico en la nube de lectura envíe junto a su nombre y apellidos una fotografía del código de barras situado en la contraportada del libro y otra del ticket de compra a la dirección:

ebooktirant@tirant.com

En un máximo de 72 horas laborales le enviaremos el código de acceso con sus instrucciones.

© TIRANT LO BLANCH
EDITA: TIRANT LO BLANCH
C/ Artes Gráficas, 14 - 46010 - VALENCIA
TELFS.: 96/361 00 48 - 50
Fax: 96/369 41 51
Email: tlb@tirant.com
www.tirant.com
Librería Virtual: www.tirant.es
DEPOSITO LEGAL: V-349-2024
ISBN: 978-84-1056-476-3
MAQUETA E IMPRIME: Tink Factoría de Color , S.L.

Si tiene alguna queja o sugerencia, envíenos un mail a: atencioncliente@tirant.com.
En caso de no ser atendida su sugerencia, por favor, lea nuestro procedimiento de quejas en:
www.tirant.net/index.php/empresa/politicas-de-empresa

Responsabilidad Social Corporativa
http://www.tirant.net/Docs/RSCTirant.pdf

ÉTICA Y LEGISLACIÓN DE LAS PROFESIONES SANITARIAS

4ª edición

Pedro Jesús Pérez Zafrilla.

Departament de Filosofia.
Unitat Docent de Filosofia Moral, Política i Social.
Universitat de València.

A todo el alumnado que, con su participación activa en clase, ha contribuido a mejorar este manual en cada nueva edición.

ÍNDICE:

TEMA 1:
LA MORAL.

El término "moral" proviene del latín *mos-moris*, que originalmente significaba "costumbre" y después pasó a significar "carácter" o "modo de ser". Existen varios significados de este término. En este primer tema abordaremos dichos sentidos para conocer mejor de qué hablamos cuando decimos cosas como "esto es inmoral", "la moral protestante" o "María tiene más moral que el alcoyano". En todas estas expresiones aparece la palabra "moral", pero sus significados no son del todo idénticos. Es necesario, por tanto, analizar sus diversas connotaciones.

1. SIGNIFICADOS DEL TÉRMINO "MORAL" COMO SUSTANTIVO:

1) Conjunto de principios, preceptos, normas, prohibiciones, valores de un colectivo humano. Este sentido se aplica al código de valores y principios que rige el modo de vida compartido dentro de un colectivo, ya sea una sociedad, cultura, etc.... Este conjunto de valores forma un sistema más o menos coherente. En este sentido, la moral es un sistema de contenidos que refleja una forma de vida socialmente establecida. Ejemplos de este sentido serían expresiones como "la moral occidental tiene como valores superiores la libertad y la igualdad".

2) Código de conducta personal de una persona particular. Aquí hablamos del código moral que guía el comportamiento de una persona concreta: son el conjunto de convicciones y pautas de conducta por los que una persona juzga las acciones de otros individuos y las suyas propias. Este conjunto de valores también forma un sistema más o menos coherente y sirve de base para los juicios morales.

Esta moral particular del sujeto tiene dos componentes fundamentales:

1) Valores del grupo social al que pertenece: Todas las personas vivimos en sociedad. Como decía Aristóteles en su *Política*, "el hombre es un animal social por naturaleza". Con esta sentencia Aristóteles quería expresar que los seres humanos vivimos siempre en relación con otros y es en esa relación en la que formamos nuestra identidad. Efectivamente, las personas se educan y conviven en una familia, escuela y otros grupos como las iglesias, asociaciones, etc... que les transmiten unos valores que esas personas hacen suyos e incorporan en su identidad. Por ese motivo, propiamente no existe una "moral privada", porque la moral siempre se aprende en relación con otros. La moral siempre es pública.

Pero la moral es pública no sólo porque se aprende en sociedad. La moral es pública también porque el lenguaje moral remite siempre a un contexto de intersubjetividad. Por eso *la moral tampoco es subjetiva*. No se puede decir que cada persona tiene "su" moral. Si la moral fuera subjetiva, los juicios morales expresarían sentimientos de agrado o desagrado, como los gustos culinarios. Por ejemplo, cuando alguien dice "me gusta el chocolate" expresa un sentimiento subjetivo que puede ser o no compartido por otros. Esas personas tendrán gustos distintos, y a nadie se le ocurriría reprochar a otra persona que no le guste el chocolate. Porque los gustos son subjetivos.

Pues bien, si los juicios morales fueran también subjetivos, cuando alguien dijera "matar es inmoral" estaría diciendo "a mí no me parece bien matar, pero tú mata si quieres". Sin embargo, eso no es así. Cuando alguien dice que algo es inmoral no está expresando un juicio subjetivo al que le es indiferente la posición de los demás. Cuando alguien dice "matar es inmoral" está diciendo que no se debe matar, ni la persona que lo dice, ni las demás personas tampoco. Por ese motivo cuando otra persona mata se le reprocha moralmente su acción. Esa es la clave: los juicios morales poseen una *pretensión de universalidad* que va más allá de las preferencias subjetivas. Pretensión de universalidad significa que la alternativa a lo afirmado como justo no se considera aceptable. Por ese motivo cuando alguien hace algo que consideramos inmoral le reprendemos o condenamos. Porque los juicios morales tienen un carácter normativo por el cual se expresa que algo debe o no debe ser hecho por cualquier persona. De ahí que la moral no sea ni subjetiva ni privada.

2) La reelaboración personal: El individuo hace una reelaboración personal de esos valores adquiridos en sociedad a partir de las influencias y condiciones económicas, sociales, físicas y familiares que rodean a la persona. Ello explica que haya personas dentro de una misma religión que opinen de manera diferente a lo que dicta la jerarquía sobre cuestiones morales o políticas. Así por ejemplo, aunque en la Iglesia Católica el divorcio es inmoral (es pecado), hay católicos que deciden divorciarse y aun así siguen considerándose católicos sin ningún problema de conciencia. Porque para ellos su deseo de dejar atrás su mala relación de pareja pesa más que lo que dicta su religión sobre el tema. Así pues, vemos cómo las influencias sociales y familiares pesan en el juicio que hacen las personas sobre un tema. Pero eso no quiere decir que las personas tengan morales subjetivas. Porque incluso la reelaboración de esos valores se hace por influencia de otras circunstancias que le rodean, por lo que su moral sigue estando condicionada por el entorno familiar o social.

No obstante, es posible crear valores nuevos. Ahora bien, eso sólo sucede en unos pocos momentos de la historia. Hay ocasiones en que ciertos ciudadanos se rebelan contra los códigos morales de su época e instauran unos valores nuevos y originales. Esto ha sucedido con los creadores de filosofías o de religiones, como Cristo, Buda, Sócrates o Luther King. Las personas no tienen una moral privada particular porque la moral siempre se aprende en relación con otros. La moral siempre es pública.

3) Moral como "sistema moral": Se refiere a los sistemas morales o filosóficos desde los que se reflexiona sobre qué es lo bueno en el hombre. Es decir, no serían los conjuntos de valores que orientan la vida dentro de un colectivo, sino las aproximaciones que se hacen al fenómeno moral desde religiones o filosofías concretas. Esto es lo que Aranguren denominaba la "moral pensada", frente a la "moral vivida", que eran precisamente el conjunto de códigos morales personales y sociales propios de un grupo. Ejemplos de sistema moral serían la "moral católica", "moral protestante" o la "moral utilitarista". Así la "moral católica" se recoge en la Biblia o el Catecismo, la "moral musulmana" en el Corán, la moral protestante en las obras de Lutero o la moral utilitarista en las obras escritas por John Stuart Mill.

4) Uso hispano: Hay un sentido de moral que es propio del mundo hispano. Aparece en expresiones del tipo "estar alto de moral", "tener la moral por los suelos" o "el entrenador inyectó moral en el equipo". Aquí el término "moral" no significa ya un mero conjunto de valores etéreos. Es decir, la expresión "tener la moral por los suelos" no significa que tengas tus valores por el suelo y los vayas pisando. Aquí "moral" significa más bien otra cosa. Significa una actitud y un carácter, una disposición personal que entraña elementos tanto cognitivos (creencias, valores) como emotivos (sentimientos).

Frente a lo que pensaba Kant, en la moral no se puede separar razón y pasión. Esto ha sido demostrado recientemente en el ámbito neurocientífico mediante el empleo de juegos como el juego del ultimátum.

El papel de las emociones en la razón se observa en el hecho de que hay ciertas emociones que son morales. No todas las emociones son morales, como el asco. Pero otras como la vergüenza, la ira o la indignación, sí lo son. Las emociones morales se caracterizan porque presuponen una relación moral entre las personas. Una relación moral es una expectativa recíproca *impersonal* de buena voluntad. Es decir, una relación moral es una expectativa recíproca impersonal de buena voluntad entre cualesquiera dos personas, sin necesidad de que nosotros estemos implicados en la acción. Así, por ejemplo, sentimos indignación cuando vemos que la persona A transgrede una expectativa moral de comportamiento que tiene respecto de la persona B. Por ejemplo, cuando alguien traiciona una promesa. Cuando conocemos que alguien ha traicionado a otro sentimos indignación, aunque a nosotros no nos afecte el problema. Así decimos cosas como "lo que le han hecho a Juan es indignante". Porque la moral tiene un carácter impersonal. Del mismo modo, sentimos vergüenza cuando reconocemos que nosotros hemos transgredido un deber que teníamos respecto de otras personas.

Ahora bien, no es un razonamiento sesudo el que nos dice en esos casos que el comportamiento de alguien (o el nuestro) es inmoral, sino la emoción de indignación, rabia o de vergüenza que sentimos al conocer tal comportamiento. En este sentido, como señala Adela Cortina, las emociones morales actúan como centinelas de nuestro sentido moral, ya que nos revelan situaciones de injusticia. En síntesis, la moral se basa en expectativas de comportamiento regido por valores, pero también en ciertas emociones que nos revelan comportamientos inmorales.

Finalmente, su carácter impersonal diferencia la moral de los contratos entre intereses. Dos personas se pueden poner de acuerdo en hacer cosas inmorales, como cuando dos ladrones se reparten el botín del banco. En ese caso ambos esperan que el otro cumpla su parte de trato, pero se trata de un acuerdo que ambos saben que es inmoral.

2. SIGNIFICADOS DEL TÉRMINO "MORAL" COMO ADJETIVO:

a) Moral como opuesto a "inmoral": Cuando decimos de alguien que su comportamiento ha sido inmoral, el término "moral" no tiene un sentido descriptivo sino valorativo, porque supone reprobar una determinada conducta. "Moral" significa aquí "moralmente correcto" en relación a un código moral concreto que se toma como referente en la valoración. Inmoral sería su contrario. Así, decimos "matar es inmoral". Este uso del término moral puede variar según los códigos morales, de tal forma que lo que en un código es moral en otro se puede calificar como inmoral. Por ejemplo, para los musulmanes comer carne de cerdo es inmoral, pero para los cristianos y ateos no.

Ahora bien, que haya discrepancias entre lo que los distintos grupos consideran inmoral no significa que la moral sea relativa. La moral no es relativa porque decir en asuntos de moral "todo es relativo" es una *contradictio in terminis*. Cuando alguien dice que "todo es relativo", ¿está diciendo realmente que todo es relativo? No. En realidad, está diciendo "todo es relativo, menos una cosa: que todo es relativo". Es decir, está afirmando que la frase "todo es relativo" no es relativa, sino que es una verdad inmutable. Porque para que todo sea relativo, la frase "todo es relativo" tiene que ser verdad. Pero entonces él mismo se contradice, porque si todo es relativo, la frase "todo es relativo" también sería relativa y, por tanto, ya no es cierto que "todo es relativo". Por ese motivo, es falso que la moral sea relativa. Porque si la moral fuera relativa, también sería relativo que la moral fuera relativa.

Pero, sin embargo, lo cierto es que los grupos, como, por ejemplo, las religiones, discrepan sobre lo que es moral e inmoral. Pero con ello no nos encontramos ante un caso de relativismo moral, sino de desacuerdo moral. Los estándares de moralidad son diferentes en las diferentes culturas y por eso hay un desacuerdo entre ellas, ya que chocan en sus valores.

b) Moral como opuesto a amoral: Para comprender esta distinción hemos de distinguir entre el comportamiento humano y el animal:

La reacción del animal ante el medio que le rodea es meramente instintiva, mediante la reacción Estímulo-Respuesta. Ante una influencia del entorno se desata una respuesta automática en el animal que éste no decide, sino que le viene dada por sus impulsos. Por ejemplo, si tiene hambre, come. En este sentido la conducta de los animales es a-moral, porque los animales no se rigen por valores morales sino por parámetros puramente instintivos. Además, los animales no eligen libremente sus actos y por tanto no son responsables de las consecuencias que se deriven de los mismos. Tú no puedes pedir responsabilidades a tu mascota por haberse comido la merienda que te dejaste en el borde de la mesa.

En cambio, el hombre nunca puede ser a-moral. El hombre ante una influencia del medio no tiene una respuesta programada de tipo instintivo, sino que el hombre descubre siempre varios cursos de acción posibles, que todos tienen un determinado sentido moral.

Pondré un ejemplo que pone Kant en su *Fundamentación de la metafísica de las costumbres*. Un comerciante recibe la visita de un niño a su frutería. Trae 10€ para comprar un kilo de naranjas. El comerciante sabe que el niño no conoce el valor de las cosas. Es decir, un niño no sabe qué es caro ni qué es barato. Por tanto, no será capaz de percibir que le están estafando, por lo que aceptará pagar lo que el comerciante le pida. Ante esa situación, el comerciante tiene tres alternativas: *a)* cobrarle lo justo, *porque es lo justo*; *b)* estafarle y cobrarle 10€ por el kilo de naranjas; *c)* cobrarle lo justo, *por miedo* a que sus padres se percaten de la estafa y lo denuncien a la dirección de Consumo. El comerciante debe decidir qué opción tomar.

Este ejemplo muestra cómo la facultad de la razón pone ante la persona siempre varias posibilidades de acción que tienen un valor moral (porque no es lo mismo cobrar lo justo porque es lo justo que cobrar lo justo por miedo). Entonces la persona deberá elegir entre ellas necesariamente; y no elegir ninguna opción es ya en sí una forma de elegir. Por ese motivo el curso de acción humano es diferente del animal. En el ser humano el estímulo, en lugar de generar una respuesta instintiva, se encuentra cortocircuitado por la razón y ésta abre a la persona varias posibilidades de responder al estímulo:

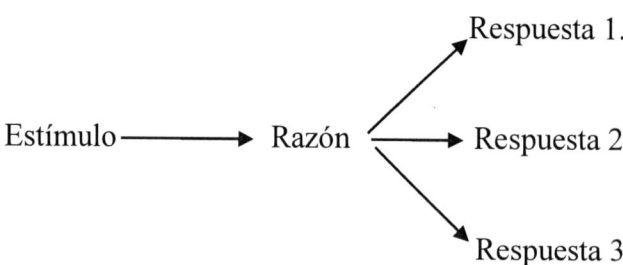

En este sentido, el comportamiento animal es instintivo porque el animal tiene que *adaptarse* a un *medio* para sobrevivir. El medio es el que pone límites a los animales. La evolución biológica hace que evolucionen los animales que tienen respuestas instintivas más eficaces ante el medio. En cambio, los animales no eficaces no se adaptan y desaparecen. Por ejemplo, los animales que ante un peligro no salen corriendo, mueren y no se reproducen sus genes. Por eso el animal es amoral, porque es meramente instintivo.

En cambio, el concepto de "amoral" en el hombre es un término vacío, pues el ser humano está abierto a una *realidad* con diversas posibilidades entre las que tiene que elegir. Su conducta siempre será fruto de una elección libre y responsable, y por ende moral. En este sentido, la moral no consiste en un ideal, sino en una necesidad. Al animal le viene dado el ajustamiento al medio; si no se adapta, desaparece. Por el contrario, el hombre es un ser obligado a elegir. Porque, y esto es clave, mientras el animal vive en un *medio* al que se tiene que adaptar para sobrevivir, el hombre vive abierto a una *realidad* que él construye con sus acciones. Mientras el medio determina, la realidad está siempre abierta a posibilidades y el hombre tiene que elegir. El hombre con sus acciones se va formando un carácter moral (*ethos*), como dicen los griegos: se hace una persona buena o mala. Esta es una realidad de la que él es responsable.

Pero esto se puede aplicar también a la técnica: mientras el animal se adapta al medio, el ser humano adapta el medio a sus necesidades. Empezó construyendo cabañas para guarecerse del frío y la lluvia, siguió con la rueda, luego ciudades y ha acabado construyendo satélites para predecir el tiempo y comunicarse con otros sujetos por teléfono móvil.

BIBLIOGRAFÍA:

CORTINA, Adela. *Ética de la razón cordial*. Oviedo: Nobel, 2007.

CORTINA, Adela y MARTÍNEZ NAVARRO, Emilio. *Ética*. Madrid: Alianza, 2004.

FEITO GRANDE, Lydia. *Ética y enfermería*. Madrid: San Pablo, 2009.

ZUBIRI, Xavier. *Sobre el hombre*. Madrid: Alianza, 1986.

TEMA 2:
LA ÉTICA.

1. ORIGEN ETIMOLÓGICO:

El término "ética" proviene del griego *ethos*, que originalmente significaba: "morada", lugar donde se habita. La ética es así el suelo firme, el fundamento de nuestra praxis, la raíz de donde brotan los actos humanos. Posteriormente pasó a significar "carácter", "modo de ser" que alguien va adquiriendo a lo largo de su vida.

Ahora bien, los griegos diferenciaban entre dos dimensiones del carácter:

El *ethos* y el *pathos*. El *pathos* es la parte del carácter personal que no es modificable por la voluntad humana. El *pathos* hace referencia al "modo de ser" de las personas que habitualmente relacionamos hoy con el carácter. Así decimos "Juan tiene un carácter muy fuerte" para referirnos a aquella faceta de las personas que no se puede modificar porque "viene de serie". De *pathos* deriva "patología" como aquella dolencia que padece el hombre y que no depende de su voluntad.

Por su parte, el *ethos* es el carácter que la persona adquiere a través de los hábitos y la educación a lo largo de su vida. Esta parte del carácter sí se puede cambiar. Por ejemplo, un niño puede ser revoltoso, pero si se le enseña a tratar con respeto a las personas mayores, con el tiempo su carácter se vuelve más educado hacia ellas.

2. MORAL Y ÉTICA COMO SINÓNIMOS:

Por otro lado, hemos de recordar que también el término "moral" en latín significaba "costumbre" y que también pasó a significar "modo de ser" o "carácter". De este modo, moral y ética pasaron a confluir etimológicamente en un significado casi idéntico: lo referido al modo de ser o carácter adquirido como resultado de practicar actos que se consideran buenos. Ello explica que habitualmente se entiendan como sinónimos "ética" y "moral". Así se habla de "actitud poco ética" para referirse a aquella actitud que no se ajusta a un código moral concreto, lo que sería una actitud o comportamiento que denominamos "inmoral".

3. LA ÉTICA COMO FILOSOFÍA MORAL:

Sin embargo, conviene distinguir los sentidos del término "moral" y de "ética" ya que entre ambos existe una diferencia lógica, aunque no etimológica. La ética hace referencia a una teoría, y la moral a su objeto de estudio. La ética es una parte del saber filosófico.

La Filosofía se divide en varias ramas:

- *Epistemología*: estudia si podemos conocer el mundo. ¿Nosotros conocemos el mundo tal como es en sí, o sólo como lo percibimos a través de nuestros sentidos?
- *Metafísica*: estudia la esencia de las cosas. ¿La esencia de las cosas está en la cosa (depende de sus propiedades físicas) o es una mera idea abstracta?
- *Lógica*: analiza la estructura de las argumentaciones y los enunciados para diferenciar los argumentos válidos de las falacias.
- *Ética:* es la parte de la filosofía que estudia el fenómeno moral.

La ética es la reflexión teórica sobre los valores, principios, normas, etc… que componen la moral. Mientras, la "moral" denotaría a los códigos de morales concretos. La moral trata de responder a la pregunta de ¿qué debo hacer?, aportando contenidos: "no matarás", "respeta a tus padres".

Por su parte, la ética realiza un análisis formal: la ética pretende dar razón de la moral, respondiendo a la pregunta: ¿por qué debo?, ¿por qué debemos? En otras palabras, la ética trata de explicar por qué las personas actúan moralmente, o, dicho de otro modo, por qué dan un sentido moral a su vida y sus acciones. La ética ayuda a explicar por qué debemos respetar los derechos humanos y debemos condenar a los que no lo hacen. La ética nos aporta razones para respetar tales o cuales valores.

De este modo, ética y moral no abordan los mismos problemas. El filósofo moral no prescribe mandatos morales. No ordena a las personas hacer tal o cual cosa. Tampoco trata de justificar un único código moral. Sólo trata de explicar la existencia de la moral y de justificarla racionalmente. Pero también proporciona un marco general de principios que nos ayuden a discernir por qué unos códigos morales son superiores a otros. Por ejemplo, por qué respetar los derechos humanos es mejor que no hacerlo. A lo largo de la historia los diferentes filósofos han propuesto distintas propuestas para dar sentido de la moral. Por eso han surgido las filosofías platónica, aristotélica, tomista, kantiana, utilitarista, etc…

4. FUNCIONES DE LA ÉTICA:

La ética como Filosofía Moral tiene una triple función:

a) Aclarar los rasgos específicos de la moral que la distinguen de la religión, el derecho y los usos sociales.

b) Fundamentar la moral: Explicar las razones por las que tiene sentido que los hombres se esfuercen en vivir moralmente.

c) Aplicar a los diferentes ámbitos de la vida social los resultados obtenidos en las funciones anteriores. La aplicación de la ética a los ámbitos sociales (política, economía, periodismo, sanidad, etc…) ayuda a forjar una moral crítica que permita reconocer los valores que orientan cada una de estas actividades, fomentar su cumplimiento entre los miembros de esa organización mediante códigos éticos, y criticar aquellos comportamientos corruptos e indeseables que surjan en esas esferas de la vida.

5. DIFERENCIAS ENTRE NORMAS MORALES, RELIGIOSAS Y LEGALES:

Tipo de Normas	Fuente	Carácter de la obligación	Destinatarios	Tribunal último
Morales	Normas, principios y Valores asumidos	Interna, en la conciencia	Toda persona es destinataria de las normas que reconoce en conciencia	La conciencia propia
Religiosas	La fe de la persona en que determinadas enseñanzas poseen un origen divino	Interna, en la conciencia	Los creyentes	La divinidad
Legales	El Estado	Externa y violenta	Todos los ciudadanos y personas sometidas a la jurisdicción estatal	El Estado

BIBLIOGRAFÍA:

CORTINA, Adela y MARTÍNEZ NAVARRO, Emilio. *Ética*. Madrid: Alianza, 2004.

FEITO GRANDE, Lydia. *Ética y enfermería*. Madrid: San Pablo, 2009.

ZUBIRI, Xavier. *Sobre el hombre*. Madrid: Alianza, 1986.

TEMA 3:

LA BIOÉTICA COMO ÉTICA APLICADA.

1. ÉTICAS APLICADAS:

En los años setenta del siglo XX tuvo lugar la denominada "revolución de las éticas aplicadas". En ese momento se sucedieron una serie de escándalos en los diferentes ámbitos de la sociedad, la economía y la política, principalmente en los EE.UU. Por ejemplo, en el plano político saltó a la luz el caso Watergate, por el cual se descubrió que el presidente Nixon espiaba a la oposición demócrata. O también, salieron a la luz los denominados "Papeles del Pentágono".[1] Estos eran unos documentos secretos que revelaban dos circunstancias inquietantes. Por un lado, los contratos secretos del gobierno con empresas armamentísticas en relación a la guerra de Vietnam. Por otro, la connivencia entre los diferentes partidos que ocupaban el gobierno (demócratas y republicanos) y la prensa para ocultar la realidad de lo ocurrido en Vietnam. Mientras la prensa y los políticos decían a la opinión pública que los EEUU estaban ganando la guerra, los políticos preparaban la ominosa retirada de Saigón, similar a la espantada estadounidense de Afganistán en 2021. En el plano económico, la crisis del petróleo de 1973 sembró también la desconfianza en los economistas, al no ser capaces ni de predecir ni de encontrar soluciones a la crisis económica. Incluso en el plano sanitario se destaparon unas experimentaciones que los EEUU habían llevado en secreto durante cuatro décadas sobre la sífilis en la isla de Tuskegee y en las que se emplearon a sujetos desfavorecidos sin solicitar su consentimiento.

Todos estos escándalos provocaron un descrédito de las diferentes esferas sociales: los políticos, los periodistas, el ejército e incluso los profesionales sanitarios. Por ese motivo, desde la ciudadanía y desde diferentes ámbitos profesionales se reclamó una "remoralización" de la vida social. Se exigió que se diera un trato digno a las personas, porque en ese momento se vio que el trato dado en esas actividades estaba carente de valores, al basarse en la mentira, la ocultación e incluso el daño intencionado a sujetos vulnerables.

Esto llevó al nacimiento de las éticas aplicadas.

---

[1] La revelación de los Papeles del Pentágono tuvo un impacto en el mundo analógico de los años setenta similar a la que tuvieron las filtraciones de Wikileaks en los 2.000.

2. EJEMPLO DE ÉTICA APLICADA: LA ÉTICA ECONÓMICA:

Se suele pensar que en la economía para prosperar no se puede ser ético. La ética implica renunciar al interés propio, mientras que en economía sin lucro no tienes futuro. ¿Se oponen, entonces economía y ética? Les voy a mostrar que no. Es más, como afirma Adela Cortina, sin ética no hay negocio. Pondremos dos ejemplos:

¿No se ha preguntado nunca por qué si DIA es más barato que MERCADONA, vende menos? ¿no busca el consumidor racional ahorrar dinero y comprar barato? ¿y no busca el empresario racional vender barato reduciendo costes para así obtener un mayor beneficio a corto plazo? Y si eso en teoría es así, ¿por qué en la práctica la gente compra en supermercados más caros?

La respuesta a estas preguntas está en que *el motor del consumo y de la economía no es el interés, sino la confianza*. La gente compra en aquel supermercado que le proporciona una calidad aceptable a un precio que cada cual considera razonable. Es decir, la gente compra en el supermercado que le genera mayor *confianza*. Si en una tienda te venden una cosa en mal estado no vuelves, porque han traicionado tu confianza. Tú confías que el comerciante te vende productos de una calidad que consideras aceptable. Por ese motivo surge la idea de "fidelizar al cliente". La empresa con ello busca alcanzar la confianza del cliente en su establecimiento. Eso explica, por ejemplo, que los grandes comercios popularicen el lema "si no queda satisfecho, le devolvemos su dinero". Porque esa práctica genera confianza en los clientes, y eso, junto a la calidad, se valora más que el precio. Por ese motivo, a pesar de que *El Corte Inglés* es caro, la gente compre allí. Porque las personas buscan calidad en los productos y seguridad de poder devolver lo que no les ha gustado. Por eso el trato ético es fundamental para ganar clientes.

Lo mismo se puede decir en las relaciones dentro de la empresa. Es fundamental que el empresario trate bien a sus trabajadores y les ayude en sus momentos de necesidad (embarazos, cuidado de mayores, etc…). Porque para el empresario es fundamental que los empleados se sientan parte de la empresa. Por eso Mercadona hace accionistas a sus empleados y les hace contratos indefinidos. Porque así el dueño se asegura un ambiente de trabajo donde hay confianza entre las partes. Los empleados, al ser fijos y obtener parte de los beneficios en plusvalías, se sentirán más implicados y pondrán lo mejor de sí mismos. En cambio, en una empresa donde el empresario no paga a sus trabajadores o les paga una miseria, o donde no les da permisos por causas razonables, el ambiente es malo y los trabajadores no se implican. En resumen, sin ética, no hay negocio.

Así pues, el valor fundamental en economía es la confianza. Este es un valor clave en todas las esferas de la vida.

Cuando se pierde la confianza pierden todos los afectados. Los afectados son todos aquellos que tienen relación con una actividad. En economía, los afectados son los empresarios, trabajadores, accionistas, clientes y proveedores. Por ejemplo, si un proveedor de Mercadona le vende un lote de carne de hamburguesa caducada y alguien se intoxica, ¿quién pierde? Pierde, por supuesto, el cliente que compra esa carne en mal estado y enferma. Pero al saltar el escándalo a la TV, la gente entrará en pánico, dejará de comprar carne en Mercadona y acabará por no ir a comprar a Mercadona durante una temporada. En consecuencia, ahora perderán también más afectados: pierde en primer lugar el proveedor, al que Mercadona dejará de comprarle de por vida. Pero pierden también los accionistas, pues las pérdidas harán que bajen las acciones. Y si la gente no compra, pues habrá trabajadores que se vayan al paro. En definitiva, cuando no hay ética en la economía, pierden todos y no sólo el que obra mal. Por ese motivo, en conclusión, la ética no es incompatible con la economía. En realidad, es imprescindible tener en cuenta los valores para obtener beneficios dentro de la empresa.

Pues bien, el objetivo de las éticas aplicadas, como la ética económica, es descubrir los valores y bienes que dan sentido a las distintas actividades y fomentar su seguimiento por sus miembros. Porque esa es la garantía de que haya beneficios en la empresa. Para ello se elaboran códigos éticos, códigos de buenas prácticas, auditorías éticas, etc…

3. NIVELES DE LA BIOÉTICA.

Otra ética aplicada es la Bioética, como ética de las profesiones sanitarias. Ciertamente, las profesiones sanitarias poseen la ética explícita más antigua. El primer código ético de medicina procede del Juramento Hipocrático, texto atribuido a Hipócrates y que se remonta al s.V a.C. Por tanto, el descubrimiento de los valores en el ámbito profesional sanitario es ya muy antiguo. Ese código se centraba en los valores que deben guiar la relación médico-paciente.

Sin embargo, hoy nos encontramos en una situación sin precedentes. Nuestro poder sobre la naturaleza es inmenso. Podemos desde causar millones de muertes con solo apretar un botón hasta modificar genéticamente una vida humana, pasando por la contaminación de un río con un solo vertido tóxico. Evidentemente, cuanto mayores son nuestras posibilidades, mayor es nuestra responsabilidad sobre las decisiones que tomamos. Por ese motivo resulta fundamental tomar conciencia de que nuestras acciones en el mundo de la vida deben estar regidas por unos valores éticos.

Para esto surgió precisamente la bioética como ética aplicada, como un intento de dar respuesta a los problemas éticos que surgen por nuestra acción en el mundo de la vida. El término *Bioética* conjuga dos términos griegos (*bios*, vida, y *ethos*, carácter). El objetivo es señalar que aplicar nuestros conocimientos científicos requiere, además, la forja de un carácter bueno, de tal forma que nuestro conocimiento y posibilidades de acción sobre la vida se usen siempre para producir un bien y nunca un perjuicio.

La Bioética tiene dos niveles de actuación:

1) Macrobioética: Se ocupa del conjunto de la vida amenazada. Tanto de las generaciones humanas presentes y futuras, como del conjunto de los seres vivos. Esta es la ética ecológica o ecoética, que se ocupa de temas como el respeto al medio ambiente y si es ético devastar todos los recursos y no dejar nada a las generaciones futuras, porque las generaciones futuras ni existen ni sabemos si existirán si hay una guerra atómica.

Un ejemplo actual de ética ecológica son los cultivos ecológicos. Los cultivos ecológicos y sostenibles son aquellos producidos de forma natural, sin fertilizantes. Gozan de popularidad, al proporcionar, supuestamente, una alimentación más sana. Sin embargo, los cultivos ecológicos, al producirse sin fertilizantes, necesitan ocupar una mayor cantidad de terreno cultivable para producir la misma cantidad de producto. Por ejemplo, una hectárea de terreno fertilizado puede producir una tonelada de trigo. Sin embargo, ese mismo terreno sin fertilizar producirá mucha menos cantidad de trigo, por ejemplo, media tonelada. Así que se necesitará talar otra hectárea adicional de bosque para dedicarla a cultivo ecológico para producir una misma tonelada de cereal ecológico. Por tanto, en occidente estamos promoviendo unos productos que llamamos ecológicos pero que lo único que hacen es devastar los montes. ¿Debemos dejar de promocionar esos productos que tanta fama tienen a favor de la conservación del medio ambiente?

Esta preocupación por el conjunto de la vida es fruto del cambio producido en el siglo XX. Hasta ese momento el paradigma imperante era el antropocéntrico, que pone al ser humano en el centro de las preocupaciones teóricas y éticas. El paradigma antropocéntrico es heredero del judeocristianismo. Recordemos el versículo del Génesis: "poblad la tierra y dominadla."[2] Pero también el paradigma antropocéntrico es heredero de la Ilustración, que presentaba al hombre como un fin en sí mismo. El ser humano tiene un valor absoluto, frente a los animales y las cosas, que pueden ser empleadas como un medio por el hombre. Pero en el s.XX, por la influencia del pensamiento oriental, entró en escena el paradigma biocéntrico. Este modelo considera al ser humano una parte más de la naturaleza, sin ocupar un lugar especial en ella. En consecuencia, el deber del ser humano es respetar la naturaleza y cuidarla, no usarla en su beneficio.

En todo caso, no debe oponerse de forma maniquea el uso y el respeto a la naturaleza, ya que el uso responsable es en muchas ocasiones el mejor modo de cuidar la naturaleza. Unos buenos ejemplos de ello son la ganadería o la industria resinera. Ambas tareas, además de mantener vivo el mundo rural, ayudan al cuidado de los bosques y a la prevención de incendios.

2) Microbioética: Se ocupa de los problemas éticos relacionados con las ciencias de la salud (bioética clínica o ética de la atención sanitaria), las biotecnologías (genética) y la neuroética. Ejemplos de microbioética son: la relación médico-paciente (eutanasia, aborto, transfusiones de sangre a testigos de Jehová), manipulación genética (niños a la carta) y los límites éticos de los progresos científicos cuando van más allá de lo terapéutico (curar) hacia el mejoramiento (por ejemplo, si sería ético crear e implantar chips para aprobar oposiciones que sólo podrían emplear unos pocos individuos, y no dedicar ese dinero a curar enfermedades).

Así, la Bioética puede entenderse como la reflexión sobre la vida en sus distintas manifestaciones: humana, animal y vegetal.

En este curso nos centraremos en la bioética clínica que aborda la relación médico-paciente.

---

[2] Gen.9:7.

BIBLIOGRAFÍA:

FEITO GRANDE, Lydia. *Ética y enfermería*. Madrid: San Pablo, 2009, cap.2.

GARCÍA-MARZÀ, Domingo *et alt.* "Los principios de la Bioética". Material del *Curso de Especialista en Bioética* de la Universitat Jaume I de Castellón. Texto inédito.

GARCÍA-MARZÀ, Domingo *et alt.* "El diseño de las instituciones sanitarias". Material del *Curso de Especialista en Bioética* de la Universitat Jaume I de Castellón. Texto inédito.

TEMA 4:
EL BIEN INTERNO DE LA MEDICINA.

1. BIEN INTERNO Y BIENES EXTERNOS:

Para resolver estos problemas desde una perspectiva ética, las éticas aplicadas comienzan preguntándose cuál es el *bien interno* de la práctica en concreto. Así la bioética clínica o ética de la atención sanitaria se pregunta por el bien interno de la medicina. Pero para entender el bien interno hemos de comenzar distinguiendo dos clases de bienes: el bien interno y los bienes externos:

El *bien interno* es aquella meta que da sentido y legitimidad a una actividad. Es la razón de ser de esa actividad. Es decir, el bien interno es la meta que todos presuponemos que mueve a cada profesional en el ejercicio de su labor. El bien interno es único y propio de cada actividad. Por ejemplo, el bien interno del periodismo es proporcionar una información veraz y formar una opinión pública crítica y madura.

Por su parte, los *bienes externos* se encuentran en diversas actividades. Bienes externos son el prestigio, el dinero, la fama, etc.... Los bienes externos se obtienen como resultado externo del ejercicio de esa profesión; son una recompensa por el ejercicio de la actividad. Así, fruto del trabajo, el empleado recibe un dinero o acumula un prestigio. Ciertamente, los bienes externos son compatibles con el bien interno de cada actividad. Por ejemplo, un periodista que proporciona una información veraz, fruto de su trabajo, puede recibir un dinero y tener fama.

En todo caso, la clave reside en que justamente porque los bienes externos se obtienen como resultado de la actividad, no deben ser nunca el principal objetivo que guíe al profesional en su actuación. El fin principal del profesional en el ejercicio de su labor debe ser siempre el bien interno de su profesión. Por eso, el bien interno debe anteponerse siempre a la consecución de bienes externos. Por ejemplo, el periodista deberá primar la información veraz sobre el éxito o dinero que le pueda reportar el difundir bulos entre su audiencia que refuercen las posiciones ideológicas de ésta. Cuando un profesional antepone los bienes externos al bien interno, la actividad se corrompe y no sólo cae en descrédito ese profesional, sino el conjunto de miembros de esa actividad.

El bien interno de la medicina es la salud. En este sentido, la prevención, protección, promoción y mejora de la salud es el bien interno que da sentido y legitimidad o credibilidad social a la actividad sanitaria. Así, pensamos que el médico prescribe aquellas medicinas que mejor curan al paciente, no las que un laboratorio le pide que prescriba a cambio de regalos.

En todo caso, como hemos dicho, el bien interno es compatible con los bienes externos. Un médico puede prescribir un medicamento a un paciente porque es bueno para su salud y, a la vez, gracias a esa receta, el médico puede ganar un viaje pagado por la farmacéutica. El punto clave está en que el bien interno siempre debe anteponerse a la consecución de bienes externos. Es decir, el médico debe guiar su actuación siempre por el bien interno de su profesión: la salud de los pacientes. Ello le permitirá obtener otros bienes externos (como el dinero, la fama o el viaje pagado por la farmacéutica). En cambio, cuando la consecución de bienes externos se antepone al bien interno, no sólo el profesional estará obrando de una forma no ética, sino que el resto de profesionales pueden ver dañada su reputación si salta un escándalo a la luz pública.

Además, dar prioridad al bien interno sobre los externos es fundamental, ya que cuando se priorizan los bienes externos se quiebra la relación de confianza que sustenta toda relación asistencial, y que deriva de esa confianza que el paciente deposita en el sanitario. Con esa quiebra de la confianza no sólo pierde crédito el profesional en cuestión, sino el conjunto del colectivo profesional. Para mostrarlo pondré un ejemplo parecido al del proveedor de Mercadona:

Pensemos en un médico que prescribe un medicamento a un paciente porque quiere ganar un viaje pagado por la farmacéutica (un bien externo). Ese deseo del viaje lleva al médico a prescribir el medicamento sin reparar en si será bueno para el paciente. Después resulta que ese medicamento le provoca una reacción alérgica al paciente, va al hospital y allí detectan la negligencia. El paciente denunciará al médico, y si ese caso salta a la prensa, se armará un escándalo. Las cadenas harán conexiones en directo de los programas de mediodía en la puerta del ambulatorio, ya que dedicar horas de programación a temas truculentos (estafas, desapariciones, crímenes, etc…) proporciona mucha audiencia. La presencia de las cámaras en la puerta del centro expondrá a los trabajadores del ambulatorio al escarnio público y tendrán que salir de allí con la cara tapada. Ante el escándalo, la reputación de los profesionales del centro caerá en picado y los pacientes querrán cambiar de ambulatorio por miedo a que su médico también esté compinchado con las farmacéuticas.

Este ejemplo es útil para ver dos cosas: la primera, que es la que nos afecta aquí, es que cuando una persona obra mal en una actividad, el perjudicado es todo el colectivo profesional. La segunda es que a partir de una simple noticia en los medios se puede desatar una ola de pánico que arruine la reputación de profesionales o la economía de una empresa, como vimos en el ejemplo del proveedor de Mercadona. De ahí que la ética sea también muy importante en los medios de comunicación. Cuando en los medios prima ganar audiencia (un bien externo) sobre la veracidad de la información (el bien interno) se pueden desatar olas de pánico entre la población.

Por todo ello, parece fácil comprender que las profesiones tienen una dimensión ética ligada a su papel en la sociedad. Esa dimensión ética de las profesiones viene expresada por su bien interno.

Como dijimos, el bien interno de la medicina es la salud. Este bien interno nos sirve entonces para entender cuáles son las cuatro metas de la medicina en la actualidad, teniendo en cuenta que ninguna de ellas tiene prioridad frente a las demás.

2. LAS METAS DE LA MEDICINA:

1ª) La prevención de la enfermedad y de las lesiones, y la promoción y mantenimiento de la salud. La promoción de la salud y la prevención de la enfermedad constituyen valores centrales de la medicina. Sin embargo, en la actualidad poseemos una concepción reduccionista de la medicina. Para nosotros la Medicina se reduce a una disciplina dedicada a rescatar a aquellos que ya enfermaron, con el objetivo de devolverles la salud. Esta es la conocida medicina intensiva. Esto es así ya que las personas sólo nos acordamos de la sanidad cuando estamos enfermas y no vemos que mantener la salud es una tarea que también está en nuestras manos. Además, cuando pensamos en "sanidad" inmediatamente nos vienen a la mente ideas como hospitales, profesionales sanitarios, quirófanos, ambulatorios...

Esta reducción de la medicina a la medicina intensiva es errónea porque deja de lado otra dimensión de la medicina que es casi tan importante, la medicina preventiva. Ésta se dirige a evitar la enfermedad y las lesiones, promoviendo entre las personas hábitos de vida saludables.

Por ese motivo, se hace necesario girar el foco de atención de la medicina intensiva a la preventiva, por dos motivos:

1) Un mayor énfasis en la promoción y prevención puede reducir el excesivo interés en la medicina intensiva y de alta tecnología. Es decir, pensar en sanidad no puede significar sólo pensar en más y mejor tecnología para curar enfermedades. Pensar en sanidad debe significar también asumir una mayor responsabilidad en el modelo de vida que tenemos y en fomentar unos modelos de vida saludables.

2) Otorgar un lugar de privilegio a la prevención acarreará grandes beneficios individuales y sociales. A un nivel individual los beneficios son observables a simple vista. Una persona que cuida su salud es una persona que posee un mayor nivel de aceptación social y de autoestima. A nivel social, los beneficios son también muchos. La prevención es muy barata, en cambio, la curación es carísima. Por eso, cada euro que se invierte en prevención son muchos más euros que no se requieren para curación. De esta forma, el presupuesto que se ahorra, por ejemplo, en camas de hospital o pruebas médicas se puede invertir en rehabilitación de personas ya enfermas o en investigación de enfermedades raras.

No obstante, también es cierto que la prevención arrostra inconvenientes. El más importante de ellos es que un excesivo énfasis en la prevención puede degenerar en la culpabilización del paciente por no haber tomado medidas para prevenir su enfermedad. Esta culpabilización olvida que en realidad existen factores sociales y genéticos muy importantes para el desarrollo de las enfermedades, sobre los cuales el individuo no tiene influencia. Por ejemplo, el cáncer puede deberse no sólo al fumar, sino a factores hereditarios. En todo caso, es importante que los individuos cambien sus conductas negativas para la salud, por ejemplo, dejando de fumar, controlando la bebida, bajando de peso o comenzando a realizar actividades físicas. La medicina ha de apoyar estos cambios de conducta.

2ª) *El alivio del dolor y del sufrimiento causado por la enfermedad y las dolencias.* La mayoría de las personas buscan los auxilios de la medicina para aliviar el dolor y el sufrimiento. El *dolor* se refiere a una sensación física extremadamente aflictiva y tiene diversas formas: punzante, lacerante, quemante.

Pero mención especial requiere el sufrimiento, cuyo tratamiento siempre ha ocupado un lugar secundario en la medicina. Ésta se ha centrado en el dolor de los cuerpos, no en el sufrimiento de las personas. El *sufrimiento* es un estado de opresión psicológica, típicamente marcado por el miedo, la angustia o la ansiedad. Viene causado por una amenaza de pérdida de integridad y de control de la persona sobre su situación y su bienestar. A diferencia del dolor, el sufrimiento le ocurre a la persona, no al cuerpo. El sufrimiento suele darse junto al dolor, al ser consciente el individuo de que no podrá controlar su situación. Dolor y sufrimiento se dan unidos, por ejemplo, cuando alguien, tras sufrir un accidente de tráfico, queda mutilado y necesitar cuidados permanentes. Pero también se puede dar dolor sin sufrimiento. Por ejemplo, una embarazada siente dolor en el parto, pero no sufre porque el motivo de su dolor está controlado y sabe que tiene un final. Habrá sufrimiento, por ejemplo, si el niño nace con una discapacidad, ya que esa es una situación incontrolable para la familia y sin un fin determinado. El sufrimiento se caracteriza, por tanto, por la falta de control de la situación presente y futura y el sentimiento de pérdida de la salud y el bienestar. Por eso los bebés o los enfermos de demencia severa pueden sentir dolor, pero no sufren, al no tener un sentido del futuro. Esta incapacidad de pensar en el futuro priva a estos sujetos de la consciencia del sufrimiento.

Respecto al tratamiento del dolor, podemos decir que la medicina de cuidados paliativos es un área emergente. Con la legalización de la eutanasia se requiere de una formación específica a los profesionales de enfermería en cuidados al final de la vida. Por otro lado, el sufrimiento psicológico suele considerarse irrelevante, cuando, en realidad, el solo temor a la mala salud y a la enfermedad puede causar tanto sufrimiento como el dolor que causa la enfermedad padecida. El sufrimiento producido por enfermedades mentales es también muy importante, y no debe ser infravalorado por la medicina. Además, elementos como la pandemia o la adicción a las redes sociales por los jóvenes hacen hoy más necesaria la atención a la salud mental.

3ª) La asistencia y curación de los enfermos y el cuidado de los que no pueden ser curados. Cuando la gente se siente enferma acude a la medicina buscando la causa de la dolencia. La medicina investiga la causa de esa dolencia, siendo típica la presunción de que se hallará en un órgano o miembro enfermo.

Pero los pacientes buscan algo más que curación: buscan comprensión y compromiso moral de los profesionales con su situación. Ese compromiso con el paciente requiere que los profesionales tengan una serie de capacidades: Hay que comprometerse con el dolor de los pacientes, buscando un remedio para su dolencia. Pero también se debe tener la capacidad de escuchar a los pacientes y conversar con ellos. También la capacidad de actuar coordinadamente con los servicios destinados al apoyo social y al bienestar para buscar una solución integral a la situación del paciente y no limitada a la dolencia que tenga. Porque el compromiso no es sólo con la enfermedad, lo es con el paciente. Pero ese compromiso no sólo hay que tenerlo, también hay que mostrarlo, que el paciente lo perciba.

Pondré como ejemplo de coordinación de los diversos servicios en la atención integral a los pacientes un caso que conocí en el Comité de Ética del hospital del que fui miembro unos años: María, una mujer mayor, vive con su hijo Pepe. María se rompe la cadera, es hospitalizada y finalmente recibe el alta. Cuando esté en casa necesitará reposo, pero resulta que su hijo Pepe es esquizofrénico y no está capacitado para cuidar de ella. Es más bien ella la que se encarga de cuidar de su hijo, por lo que es seguro que María no guardará el reposo necesario. Dicho de otro modo, la enferma es la madre, pero el hijo está peor que ella y tenerlos juntos será contraproducente para la recuperación de María. Por ese motivo, la solución para recuperación de María pasa por hablar con los servicios sociales y encontrar una residencia para su hijo, bien de forma definitiva o temporal. Sólo si María no tiene la carga de su hijo podrá recuperarse de su dolencia.

Una parcela en la que se muestra de forma clara la necesidad de tener un compromiso con el paciente es el ámbito de los cuidados, en sus diversas dimensiones. Una es la rehabilitación. Esta es una parte importante de la medicina moderna y, para ser exitosa, requiere una gran cuota de tiempo y atención. Los fisioterapeutas y enfermeros de centros de rehabilitación pasan mucho tiempo atendiendo a los mismos pacientes (pensemos en los pacientes de daño cerebral, que pueden estar ingresados años en un centro). Otro ámbito a destacar son los servicios de geriatría y residencias de ancianos. En las sociedades que envejecen, donde las enfermedades crónicas son la causa más común de muerte, dolor y sufrimiento, cuidar es lo más importante. Los mayores de ochenta y cinco años, cuyo número es cada vez mayor, necesitan grandes cuidados para llevar a cabo las tareas más cotidianas. Finalmente, también requieren cuidados los enfermos de SIDA, los niños discapacitados y los adultos lesionados. El éxito de la medicina en salvar vidas ha hecho aumentar el número de personas que necesitan cuidados y en ellos es clave mostrar un compromiso con la situación de cada paciente.

4ª) Evitar la muerte prematura y velar por una muerte en paz. La medicina contemporánea trata a la muerte como el enemigo supremo. Las enfermedades mortales reciben una proporción demasiado alta de los recursos de la investigación, extendiendo a veces la vida más allá de cualquier beneficio posible y desatendiendo el cuidado de los moribundos. La medicina ha de proponerse como meta ayudar a que los jóvenes lleguen a viejos, y ayudar a los viejos a vivir con dignidad y confort. Pero la persecución de una mayor expectativa de vida no parece ser por sí misma una meta apropiada para la medicina. De hecho, el encarnizamiento terapéutico no se considera una práctica ética sanitaria.

Todos los pacientes van a morir, por ello el médico ha de procurar que cuando llegue el momento de la muerte se den las circunstancias clínicas adecuadas para que ésta se produzca en paz. Porque, como decía Aristóteles, "el hombre no sólo quiere vivir, quiere vivir bien".

La muerte en paz se define como:

"Aquella en la que el dolor y el sufrimiento han sido minimizados mediante los cuidados paliativos adecuados, en donde los pacientes nunca son abandonados o descuidados y en donde la atención de quienes no van a sobrevivir es considerada igual de importante que la de quienes sí sobrevivirán".

BIBLIOGRAFÍA:

FEITO GRANDE, Lydia. *Ética y enfermería*. Madrid: San Pablo, 2009, cap.2.

GARCÍA-MARZÀ, Domingo *et alt*. "Los principios de la Bioética".Material del *Curso de Especialista en Bioética* de la Universitat Jaume I de Castellón. Texto inédito.

--------- "El diseño de las instituciones sanitarias". Material del *Curso de Especialista en Bioética* de la Universitat Jaume I de Castellón. Texto inédito.

LÓPEZ MORA, Marina. *El papel del profesional de enfermería en el proceso de eutanasia*. Valencia: Universitat de Valencia, 2021.

TEMA 5:
HISTORIA DE LA BIOÉTICA.

1. INTRODUCCIÓN:

Como se ha señalado en el tema tercero, la bioética, entendida como la ética de las profesiones sanitarias, es tan antigua como la propia medicina, siendo el Juramento Hipocrático, allá por el siglo V a.C., el primer código de ética médica. El Juramento Hipocrático ya recoge un conjunto de deberes del profesional sanitario respecto del paciente. Los más relevantes son el deber de procurar la salud del paciente (hacer el bien), y el de evitarle cualquier daño intencionado (no dañar). Ambos deberes configuran dos de los principios de la bioética, que serán analizados en el tema siguiente. Pero también el Juramento Hipocrático recoge otros deberes importantes, como el secreto profesional.

Más allá de estos orígenes en Grecia, es importante tener en cuenta que en el siglo XX la bioética como ética aplicada recibió su primer gran impulso no en el ámbito de la relación clínica, sino en el de la investigación biomédica. Por ese motivo, para trazar una historia de la bioética, se deben analizar primeramente los hitos principales de la ética de la investigación biomédica.

Así pues, en este tema se expondrá en primer lugar la historia de la ética de la investigación biomédica, señalando sus aportaciones a la bioética. Se hará especial mención al sesgo aporófobo de la investigación biomédica a lo largo del siglo XX, lo que nos conectará con el análisis del fenómeno de la aporofobia. Seguidamente se desarrollará una historia de la bioética clínica, tomando como base la relación médico-paciente.

2. HISTORIA DE LA ÉTICA DE LA INVESTIGACIÓN BIOMÉDICA:

El desarrollo de la bioética como ética aplicada sólo puede comprenderse a la luz de los desarrollos producidos en el marco de la ética de la investigación biomédica durante la segunda mitad del siglo XX. Son dos los eventos que propiciaron el desarrollo de la ética de la investigación biomédica. El primero fue el descubrimiento de las atrocidades nazis con prisioneros de guerra durante la II Guerra Mundial. El segundo suceso fue el descubrimiento en 1972 de la experimentación secreta con enfermos de sífilis en la isla de Tukegee, realizada por los EEUU durante cuatro décadas. El descubrimiento de las atrocidades nazis conmocionó a la comunidad científica mundial y llevó a la redacción del *Código de Nüremberg* de 1947. El segundo suceso, menos conocido, tendrá como consecuencia la publicación del *Informe Belmont*. A continuación, se abordarán ambos documentos.

2.1. CÓDIGO DE NÜREMBERG:

Este fue el primer código ético relativo a la investigación clínica. Se realizó tras el proceso de Nüremberg, en el que se juzgaron a los responsables de las atrocidades cometidas durante el periodo nazi en Alemania, como el exterminio de judíos y de prisioneros de guerra en campos de concentración y en cámaras de gas.

En ese proceso penal también se juzgó a funcionarios y a investigadores que torturaron a prisioneros de guerra. Serán precisamente las atrocidades cometidas en el campo de la investigación con prisioneros las que motivaron la redacción del *Código de Nüremberg*. Ahora bien, los investigadores colaboradores con el nazismo no realizaban investigaciones con prisioneros de guerra por mero sadismo. Si las investigaciones se hicieran por el deseo de torturar a las personas por mero placer, entonces los investigadores serían auténticos psicópatas hacia los que no cabría hacer ninguna objeción ética, porque a un enfermo mental no se le pueden pedir responsabilidades por sus acciones. Los investigadores no eran ningunos sádicos, sino personas cuerdas que hacían investigaciones con una finalidad concreta: ayudar a ganar la guerra a los nazis.

A este respecto, se podría objetar si es ético realizar investigaciones con fines militares. Pero este es un tema que excede la presente investigación. Sin embargo, otro problema ético que aparece es si las investigaciones se pueden hacer empleando cualquier medio, como la tortura a prisioneros de guerra. Un ejemplo de investigación desarrollado por los investigadores nazis con prisioneros de guerra era el siguiente:

Una vez inventada la aviación, un problema habitual en las guerras era que una avioneta sufriera un ataque enemigo y cayera al mar. En esa situación, el aviador mandaba señales de su ubicación a su ejército, y éste enviaba unos aviones para rescatarlo.[3] Ahora bien, programar una operación de rescate necesita responder una cuestión previa: ¿cuánto aguanta una persona viva en el mar? Saber eso es fundamental para determinar cuánto tiempo pueden estar las avionetas dando vueltas para encontrarlo. Si una persona aguanta viva 48h., ese será el tiempo máximo que se puede dedicar a su búsqueda. ¿Y cómo determinar eso? Pues los investigadores nazis encontraron una solución nada complicada: meter a prisioneros de guerra en tanques de agua helada y esperar pacientemente a que mueran de frío y hambre. El tiempo que tarden en morir será el que se pueda dedicar a buscar un piloto caído al mar.

En este sentido, el problema ético que aparece es el siguiente: ¿es ético realizar una investigación que entrañe necesariamente como resultado la muerte del sujeto de investigación? Y, además, ¿es ético emplear a prisioneros de guerra para una investigación? Porque, obviamente, a los prisioneros de guerra no se les pregunta si quieren participar. Simplemente se les extrae de la celda y se les fuerza a participar aun en contra de su voluntad, como hacían los nazis.

Este empleo de seres humanos para investigaciones con fines militares que entrañaban necesariamente la muerte o mutilación de los sujetos de investigación salieron a la luz tras el fin del nazismo y provocaron una conmoción mundial. En el ámbito internacional se reconoció que la investigación médica debía tener unos límites éticos. No podía investigarse para cualquier fin ni empleando cualquier medio. Por ese motivo, tras el proceso de Nüremberg se redactó en 1947 el conocido como *Código de Nüremberg* con el objetivo de recuperar la dignidad de la profesión médica. Este código estableció por vez primera los criterios éticos fundamentales que deben regir la investigación con humanos. Los aspectos más relevantes son los siguientes:

1- Necesidad de requerir el consentimiento voluntario e informado a los sujetos de investigación.

2- El sujeto debe tener la capacidad legal para dar su consentimiento.

3- El sujeto de investigación debe encontrarse en una situación tal que pueda ejercer su libertad de escoger.[4]

4- No es admisible el engaño, la manipulación ni el fraude en la información suministrada al sujeto de investigación.

---

[3] Un ejemplo de esta situación aparece reflejado en la película *Invencible*, que narra la historia del velocista norteamericano Louis Zamperini (1917-2014). En la II Guerra Mundial se alistó como aviador en el ejército. Durante un combate aéreo, su avioneta cayó al océano Pacífico, su ejército no lo pudo rescatar y fue hecho prisionero por los japoneses.

[4] Este es un elemento clave que nos relaciona con la distinción filosófica entre libertad formal y libertad material, que se analizará en el último tema.

5- El sujeto debe tener la suficiente comprensión y conocimiento del experimento al que se va a someter.

6- La responsabilidad de determinar si el consentimiento se ha realizado de una forma efectiva recae sobre el investigador.[5]

7- La finalidad de la investigación debe ser un bien para la sociedad que no pueda obtenerse por otros medios de estudio.

8- El experimento debe ser conducido de tal forma que evite todo sufrimiento o daño innecesario, físico o mental.

9- No puede realizarse un experimento cuando hay razones para suponer *a priori* que puede entrañar la muerte o una lesión irreparable a los sujetos de investigación.

10- El sujeto de investigación debe tener la libertad de abandonar la investigación.

Así pues, el *Código de Nüremberg*, de 1947, fue el primer código que regulaba los criterios éticos que debían regir la experimentación con humanos. Entre ellos sobresale la necesidad de que la participación de los sujetos en los experimentos de investigación fuera voluntaria e informada. Este es un punto clave para entender el proceso de consentimiento informado que se analizará más adelante.

2.2. INFORME BELMONT:

Entre 1930 y 1972 los EE.UU. desarrollaron un estudio de máximo secreto sobre la evolución de la sífilis en pacientes en la isla de Tuskegee. Desde 1947 la penicilina ya era un medicamento eficaz para tratar esa enfermedad, pero los investigadores mantuvieron esa información oculta a los sujetos de investigación, porque el objetivo de la investigación era estudiar la evolución natural de esa enfermedad en el cuerpo de una persona. Con ello se pretendía encontrar medicamentos aplicables a los diferentes estadios de esa enfermedad. Además, los sujetos empleados en la investigación pertenecían a un estrato social bajo y a minorías raciales.

En 1972 una filtración hizo saltar el escándalo en la opinión pública y el gobierno paró esa investigación. Será este escándalo el que marque el inicio de la bioética como ética aplicada. Como consecuencia de este escándalo, en 1974 el

---

[5] Es decir, el investigador debe cerciorarse de que el sujeto de investigación ha comprendido la información y da su consentimiento de forma autónoma. Esto es importante porque, como veremos en el Tema 7, la solicitud de consentimiento informado no puede reducirse a entregar la hoja de consentimiento informado a los sujetos de investigación o, en su caso, los pacientes.

Congreso de EEUU creó la *National Commision for the Protection of Human Subjects of Biomedical and Behavioral Research* para establecer los principios éticos que deben regir la investigación con seres humanos. En 1978 esa Comisión publicó el denominado *Informe Belmont*, que recoge los tres principios de la investigación biomédica. Son los siguientes:

a) Respeto por las personas:

Este principio exige reconocer la autonomía de las personas para que los sujetos participen en la investigación de forma voluntaria y con la información adecuada.

b) Beneficencia:

Implica la obligación de asegurar el bienestar de las personas basándose en dos reglas fundamentales: *a)* no hacer daño y *b)* extremar los posibles beneficios y minimizar los posibles riesgos.

c) Justicia:

Este principio reclama dos cosas: Por un lado, que los sujetos de investigación puedan también recibir los beneficios de la investigación realizada. Por otro, exige establecer criterios de imparcialidad en los procesos de selección de los sujetos de investigación. No obstante, el *Informe Belmont* no fija unos criterios concretos de imparcialidad, dejando abierta esta cuestión.

Así pues, el *Informe Belmont* estableció los principios que regirían la ética de la investigación biomédica. Pero también este documento aborda de una forma expresa otro punto clave: el sesgo aporófobo de la investigación biomédica. A este fenómeno se dedicará la siguiente sección.

3. EL SESGO APORÓFOBO DE LA INVESTIGACIÓN BIOMÉDICA:

El *Informe Belmont* señala cómo tradicionalmente la responsabilidad de servir de sujetos de investigación recaía sobre sujetos vulnerables, como reclusos, personas con discapacidad, enfermos graves o personas de escasos recursos económicos. El uso habitual de estos sujetos vulnerables en los experimentos era debido, según el *Informe Belmont*, a su fácil disponibilidad: Estos sujetos, o bien estaban recluidos (como prisioneros o enfermos) o, por sus condiciones personales (pobreza, analfabetismo, enfermedad, discapacidad), carecían de capacidad y recursos para rechazar el ser seleccionados. Este rasgo de vulnerabilidad compartido por todos estos grupos se puede expresar también señalando que la investigación biomédica recaía principalmente sobre sujetos pobres. De ahí que la investigación con humanos realizada hasta finales del XX tuviera un sesgo aporófobo. Los ejemplos de las experimentaciones nazis y el de la isla de Tuskegee son buena muestra de ello. Por ese motivo, es necesario conocer en profundidad el fenómeno de la aporofobia.

3.1. ¿QUÉ ES LA APOROFOBIA?

El término "aporofobia" proviene del griego *aporos*, literalmente, *a-poros*, "sin salida", y que significa "pobre" en griego. Así, la aporofobia se entiende como el "rechazo al pobre". Este es un concepto creado por la filósofa Adela Cortina y desarrollado por ella en su libro *Aporofobia, el rechazo al pobre*, de 2017. "Aporofobia" fue palabra del año para la FUNDEU en 2017 y posteriormente fue recogida por el diccionario de la RAE.

Adela Cortina ha señalado que muchas veces se confunden ciertas actitudes de rechazo a los extranjeros con lo que en realidad es una aversión y rechazo al pobre. Por ejemplo, mientras hacia los turistas se tiene una actitud afable y obsequiosa, con otros extranjeros, como los inmigrantes y refugiados, no sucede lo mismo. Hacia ellos las personas sienten rechazo e incluso miedo. Por ese motivo, señala Cortina que muchas veces lo que denominamos xenofobia en realidad consiste en aporofobia. La aporofobia es el rechazo al pobre, al que no tiene recursos y no puede aportar nada a la sociedad y más bien representa una molestia y un gasto de recursos.

Pero esta actitud aporófoba no se produce sólo hacia los extranjeros, sino también hacia otros más cercanos, como familiares, vecinos o amigos pobres. A los niños de pequeños ya se les educa en tejer amistad con otros niños que puedan reportarles beneficios y a rechazar a los que sólo pueden traer problemas ("júntate con Juanita", "no te juntes con Jonathan"). También los adultos buscan estrechar lazos con personas de las que esperan obtener beneficios. Recordemos, si no, el conocido refrán: *"quien a buen árbol se arrima, buena sombra le cobija"*. En cambio, las personas rechazan relacionarse con gente pobre o poco cualificada que nada puede aportarles. Incluso la gente suele avergonzarse de familiares con trabajos poco remunerados. Los padres y abuelos, cuando conversan con sus amistades, presumen de sus hijos y nietos bien posicionados, pero callan sobre aquellos otros hijos o nietos que no han prosperado profesionalmente. Todo esto muestra, como señala Cortina, que "pobre" no es meramente aquel que tiene poco dinero, sino todo aquel que nos puede representar una molestia: el mendigo de la calle, el inmigrante que llega en patera, el amigo que está siempre pidiendo favores, o el hijo en paro del que es mejor no hablar con las amistades.

3.2. BASES NEURONALES:

Para Cortina esta actitud aporófoba radica en la configuración de nuestro cerebro. Tenemos un cerebro aporófobo. Esta tesis se basa en los recientes estudios sobre psicología evolucionista referidos a las bases cerebrales del comportamiento humano. Todos ellos muestran que nuestra mente no es objetiva ni neutra, sino que responde a una serie de tendencias heredadas del proceso evolutivo. Porque la evolución humana afectó también a la configuración de nuestro cerebro, al igual que al resto de nuestro cuerpo. Concretamente, el cerebro humano se formó durante miles de años en un contexto concreto, el de grupos pequeños de unas 130 personas. En estos grupos la supervivencia de los sujetos dependía de la buena imagen que dieran ante el resto de miembros. Por ese motivo, nuestro cerebro desarrolló evolutivamente, entre otras, dos tendencias clave:

La primera es la tendencia a la disociación: El cerebro no procesa la información de forma objetiva, sino que asimila aquella que resulta agradable mientras que tiende a evitar la desagradable. Así, las personas rechazan aquellos hechos o personas que resulten molestos y tienden a interpretar la realidad del modo más favorable a sus intereses. Este mecanismo de disociación está a la base del sesgo de confirmación.

La segunda es la tendencia a la reciprocación: Para sobrevivir dentro de esos grupos pequeños en la época ancestral, los sujetos necesitaban de la cooperación con los demás. Pero para recibir la ayuda de otros, la persona debía cooperar también. Por eso nuestro cerebro desarrolló unas tendencias que nos llevan a ser amables con los cercanos y a cooperar con ellos. Los sentimientos de amistad o gratitud nos impulsan a cooperar con quienes nos han hecho un favor, mientras que los sentimientos de vergüenza o culpa nos impulsan a disculparnos con aquellos a quienes hemos fallado.

Estos sentimientos se formaron en la época ancestral, hace miles de años, porque la reciprocación (la ayuda mutua entre personas), era una estrategia necesaria para la supervivencia. En cambio, aquellos sujetos que no cooperaban eran expulsados del grupo y morían.

De este modo, la reciprocación, heredada de la evolución, se ha configurado como el elemento característico de la vida social. Incluso algunos filósofos de los siglos XVII y XVIII, como Hobbes, Locke y Rousseau, desarrollaron las "teorías del contrato" para explicar el origen de la sociedad. Para ellos la convivencia social se basa en el pacto, en dar algo a cambio de recibir otra cosa. Esto lo podemos comprobar también en nuestra vida diaria. Cuando pides un favor a alguien sabes intuitivamente que algún día te tocará devolverlo y que, si no lo haces, eso tendrá consecuencias negativas para ti. Porque la lógica de la reciprocación, del intercambio, está integrada en nuestro cerebro.

Pero desgraciadamente, la reciprocación desarrollada evolutivamente no es universal. La tendencia a la reciprocación presupone que, en la sociedad del intercambio, se da algo a cambio de recibir. Por tanto, sólo se coopera con aquellos que tienen algo que aportarnos a cambio. En consecuencia, aquellos que no tienen nada para intercambiar, representan una molestia y son excluidos de la sociedad. Estos son precisamente los pobres.

Por tanto, las tendencias a la disociación y a la reciprocación constituyen las bases evolutivas de la aporofobia. Ambas tendencias llevan a las personas a rechazar a aquellos que nada tienen que aportarles. Del mismo modo, las personas sólo atienden a aquellos que sí pueden favorecer su supervivencia y a los que pueden reciprocar porque tienen algo que ofrecer a cambio.

3.3. SOLUCIÓN:

Como forma de escapar a esta tendencia a la aporofobia, Cortina recurre a la plasticidad cerebral. Las redes neuronales que abandonan una función pueden pasar a realizar otras. Por ejemplo, las redes neuronales de las personas que pierden la vista pasan a realizar otras actividades que refuerzan otros órganos, como el oído. Del mismo modo, nuestro cerebro puede ser moldeado en buena medida por medio de la educación, de tal forma que nuestras tendencias actuales puedan ser modificadas. Pensemos por ejemplo cómo en unas pocas generaciones hemos perdido la capacidad de atención en la lectura. Porque, como señala Nicholas Carr en *Superficiales*, las pantallas han hecho que perdamos la capacidad de concentración en la lectura calmada de un libro. Ahora estamos pendientes de múltiples estímulos provenientes del móvil (alertas de WhatsApp, correo electrónico, Instagram, Twitter/X…), igual que nuestros antepasados del Paleolítico estaban pendientes de múltiples peligros y amenazas provenientes del entorno (un depredador, un enemigo).

Por ello, en un sentido análogo, sería posible educar esa tendencia cerebral al rechazo a los pobres para convertirla en una tendencia a la ayuda. Ello sería posible mediante la educación en virtudes de ciudadanía. En todo caso, esa ayuda no debe entenderse como mera filantropía, sino como un deber que tenemos como sociedad de erradicar la pobreza como forma de respetar la igual dignidad de los más necesitados.

Así pues, los pobres no son meramente los que tienen poco dinero, sino aquellos que nada tienen que aportar en una sociedad basada en el intercambio, en la reciprocación. En el campo de la investigación biomédica, los pobres son, pues, aquellos que no pueden ejercer su autonomía para decidir libremente si desean participar en la investigación: los vagabundos, presos, enfermos, miembros de minorías que padecen exclusión social… Por ese motivo, como reconoce el *Informe Belmont*, la investigación biomédica recurría constantemente a ellos, al ser fáciles de reclutar para los experimentos. De ahí que la investigación biomédica tuviera un sesgo aporófobo.

Una vez analizada la historia de la ética de la investigación biomédica y su sesgo aporófobo, se expondrá la historia de la bioética clínica. Para ello tomaré como base la relación médico-paciente a lo largo de la historia, primero en el paradigma tradicional y después en el moderno.

4. RELACIÓN MÉDICO-PACIENTE EN EL PARADIGMA TRADICIONAL:

Como se explicó en el tema anterior, la relación médico-paciente tiene como bien interno el cuidado de la salud. Sin embargo, esa relación médico-paciente se ha entendido a lo largo de la historia, y hasta mediados del siglo pasado, en un sentido concreto: El paciente era un sujeto pasivo, dependiente, que poco podía ofrecer en la relación sanitaria más allá de su enfermedad. En cambio, el médico era quien poseía el conocimiento sobre el funcionamiento del cuerpo y tenía un rol activo.

Desde la aparición de la Bioética en Grecia, el cuerpo es entendido como un organismo que tiene en la salud su equilibrio natural, y en la enfermedad su desequilibrio. La enfermedad era una forma de desequilibrio físico y mental. Por ese motivo el enfermo, por definición, era *in-firmus*, sin fuerza, estaba débil y perdía con ello su capacidad de razonar y decidir.

En consecuencia, la función del médico es aplicar sus conocimientos para devolver al enfermo al orden natural de la salud, que es el bien del enfermo. El médico debía decidir de manera autónoma el tratamiento a aplicar, sin contar con la opinión del paciente, al estar éste disminuido. Por ejemplo, si un paciente tiene una pierna gangrenada puede negarse a que se la corten, ya que no quiere perderla. Pero el médico sabe que la única manera de salvar la vida del paciente es cortarle la pierna, para que no se extienda más la enfermedad. Por ese motivo, deberá cortar la pierna al paciente, aun en contra de la voluntad de éste, ya que el paciente no es consciente de las consecuencias que tendría el no hacerlo.

Así pues, a lo largo de la historia de la medicina ha predominado una relación asimétrica, en la que el paciente era un sujeto pasivo, que ponía su enfermedad, y el médico era un sujeto activo que decidía qué tratamientos se debían aplicar al enfermo sin contar con su opinión, o incluso en su contra. El deber del paciente era obedecer las órdenes del médico porque éste era el que sabía qué es mejor para restablecer el orden natural del cuerpo. Así dice el Juramento Hipocrático: "Haré uso del régimen de vida para ayudar al enfermo según mi capacidad y recto entender".

Este es, por tanto, un modelo paternalista, en el que el médico actuaba con el paciente como un padre con el hijo: busca el beneficio del paciente, pero sin contar con su opinión. Porque un niño no sabe lo que le conviene.

Sin embargo, lo relevante aquí es señalar que hacer el bien al paciente, aun en contra de la opinión de éste, era precisamente el deber moral del médico. La medicina no puede reducirse a una mera aplicación de conocimientos, sino que tiene una dimensión moral. Para empezar porque, como digo, curar al paciente es un deber moral del médico que pasa por encima de la voluntad del paciente. Pero también, porque la curación se debe realizar de una forma ética: como recoge el Juramento Hipocrático, el médico no se debe aprovechar de la situación de enfermedad del paciente para estafarle, extorsionarle, abusar de él o matarle.

En definitiva, la medicina, a lo largo de la historia, debía regirse por una serie de principios morales. Eran el de no maleficencia y el de beneficencia: Ante todo no dañar al paciente y también hacerle el bien. Esto es justamente lo que prescribe el Juramento Hipocrático.

5. RELACIÓN MÉDICO-PACIENTE EN EL PARADIGMA MODERNO:

5.1. CAUSAS:

En la Modernidad el modelo paternalista dio un giro hacia un progresivo reconocimiento de la autonomía del paciente. Los causantes de ello fueron:

1- El reconocimiento de los derechos civiles y políticos. Este reconocimiento fue posible gracias a la defensa de la autonomía individual en Filosofía llevada a cabo por los filósofos ilustrados del siglo XVIII como Locke y Kant. También, en el plano político, por el desarrollo de los derechos políticos y sociales, como la libertad ideológica, con la Revolución Francesa. A partir de ese momento se entenderá que, si las personas como ciudadanos podían tener la religión que querían y votar a quien querían, ¿por qué no iban a poder decidir sobre su salud?

2- Los nuevos avances científicos. Los nuevos avances científicos surgidos en la segunda mitad del s.XX permitieron elegir entre distintas alternativas de tratamiento. Los pacientes también conocían esos avances gracias a los nuevos medios de comunicación, como la radio y televisión, y se preocupaban de que sus médicos les aplicaran esos tratamientos novedosos que les permitieran una mayor calidad de vida.

3- El descubrimiento de las atrocidades cometidas en la experimentación clínica: La revelación de las experimentaciones cometidas por los nazis con prisioneros de guerra o las llevadas a cabo en la isla de Tuskegee por los estadounidenses supusieron un gran escándalo internacional y un aldabonazo a las conciencias. Desde distintos ámbitos institucionales se reconoció la necesidad de elevar el nivel de exigencia ética respecto del trato a los pacientes, no sólo en el campo de la experimentación, sino también en la relación clínica. Se produjo así un impulso decisivo al reconocimiento de la autonomía del paciente en la bioética clínica.

4- Sentencias judiciales sobre la relación médico paciente. Si bien la autonomía del paciente en el ámbito de la experimentación clínica fue reconocida casi de una tacada, por el impacto producido por el descubrimiento de las atrocidades nazis, en la relación clínica médico-paciente ese reconocimiento de la autonomía fue mucho más lento y arduo. Fueron los pacientes quienes obtuvieron en los juzgados el reconocimiento de su autonomía, litigando contra los profesionales sanitarios que les negaban ese derecho.

El ejemplo paradigmático de ello fue el caso *Schloendorff v. Society of New York Hospitals*, de 1914. En este caso, la paciente había consentido a un examen bajo anestesia con éter (una laparotomía exploradora), pero había dicho de forma reiterada que no quería ser operada. El médico, al realizar el examen, descubrió un tumor fibroide en el abdomen de la paciente y lo extirpó. En el posoperatorio la enferma sufrió una complicación gangrenosa en el brazo izquierdo que obligó a la amputación de varios dedos de una de sus manos. La paciente denunció al médico y, en el juicio, el Juez Cardozo sentenció que:

"Todo ser humano de edad adulta y juicio sano tiene el derecho a determinar lo que debe hacerse con su propio cuerpo; y un cirujano que realiza una intervención sin el consentimiento de su paciente comete una agresión por la que se le pueden reclamar legalmente daños".

5.2. CARACTERÍSTICAS DE LA NUEVA RELACIÓN MÉDICO-PACIENTE:

En ese contexto de cambio, producido a mediados del siglo XX, mantener la relación asimétrica en la que el médico decidiera por el paciente sólo generaba ya desconfianza, con lo que se deterioraba la relación médico-paciente. Se requería, pues, pasar del modelo paternalista asimétrico a otro simétrico en el que se reconociera al paciente:

1) Como sujeto autónomo. El paciente debe ser reconocido como sujeto con el derecho para decidir sobre su salud según su orden de valores, igual que se le considera autónomo en el ámbito político, económico o religioso.

2) Como interlocutor válido. Esto significa considerar a la persona con la capacidad intelectual y moral suficiente para decidir sobre su salud. El paciente puede tener mermada su salud (por ejemplo, puede tener una cadera rota o una gangrena), pero eso no implica que tenga mermadas sus capacidades intelectuales para reconocer lo bueno para él y para decidir en consecuencia. Con ello se escinden la salud y la capacidad intelectual para decidir. Queda roto, por tanto, el modelo anterior paternalista donde la enfermedad se unía a la incapacidad de juicio para decidir.

Por ese motivo, el médico tiene que contar con el paciente en la relación clínica, porque quien decide sobre el cuerpo del paciente es el propio paciente. Así en el siglo XX apareció el Principio de Autonomía, por el que se reconoce el papel del paciente en la relación clínica.

Por su parte, el Principio de Beneficencia sufrió también una transformación. Ahora hacer el bien al paciente requerirá que se le pregunte antes de actuar. Porque quien conoce el bien del paciente mejor que nadie es el propio paciente, de acuerdo a sus valores. Él debe decidir cómo desea vivir su vida.

Con el reconocimiento de la autonomía, la relación médico-paciente pasa ahora a ser:

1) Simétrica. En principio parecería que, si decide el paciente, la relación asimétrica tendría que invertirse y que quien mandara fuera el paciente y el médico sólo tuviera que obedecer. Pero eso no es así. Si en el modelo paternalista quien decidía era el médico, y la relación era asimétrica, en el modelo moderno la relación es simétrica porque la decisión se toma entre los dos.

Esto nos conecta con la segunda característica de la relación:

2) Es una relación dialógica. Como hemos dicho, la autonomía reconoce al paciente el derecho a decidir sobre su salud. Pero la decisión se toma en un proceso dialógico. Porque el diálogo es el instrumento necesario para decidir. Por un lado, para tomar una decisión, el paciente necesita tener un conocimiento acerca del diagnóstico, de los tratamientos disponibles y de las consecuencias de los mismos. Esta información debe ser proporcionada por el médico.

Pero, a su vez, para informar, el médico necesita también recibir información por parte del paciente. El médico necesita conocer los síntomas y la historia de vida de la dolencia. También, aunque el médico debe presuponer la competencia del paciente, si advierte algún detalle que le hace dudar de esa competencia, el profesional debe evaluar el nivel de competencia del paciente, y esto se realiza mediante el diálogo con él. Porque si el paciente es no competente, el médico no podrá informarle y deberá hacerlo a un familiar. Por otro lado, según sea su competencia, el médico deducirá el nivel de información que debe proporcionar al paciente y cómo debe proporcionarla. El médico sólo puede proporcionar la cantidad de información que el paciente pueda asimilar. Porque si el paciente es inundado con información que no comprende, se verá turbado y no podrá decidir de forma autónoma. También la información que proporciona el paciente da a conocer sus objetivos vitales, que deben ser tenidos en cuenta por los profesionales. Por ejemplo, si el paciente manifiesta que es testigo de Jehová, el profesional presupondrá que rechazará la transfusión de sangre.

Además, el diálogo ayuda a escrutar las causas que subyacen a las decisiones del paciente. Por ejemplo, un paciente que rechaza una intervención o rechaza conocer su estado de salud puede hacerlo impulsado por el miedo o la angustia. Así, en vez de asentir pasivamente a su decisión, el profesional debe indagar en las causas reales de su decisión, a través del diálogo con el paciente. Quizá su miedo se deba a haber sufrido una negligencia médica en el pasado. Entonces el profesional debe hacerle ver que esa situación pasada es diferente a la actual y transmitir confianza al paciente. De esta forma, eliminado el miedo o la angustia, el paciente podrá tomar una decisión autónoma.

Pero, sobre todo, es a través del proceso dialógico y el intercambio de información como, al final, se toma una decisión. Por eso la relación es simétrica, porque a la decisión se llega mediante un diálogo de igual a igual entre médico y paciente, y no de una forma unilateral por ninguna de las partes.

BIBLIOGRAFÍA:

CORTINA, Adela. *Aporofobia, el rechazo al pobre*. Barcelona: Paidós, 2017.

FEITO GRANDE, Lydia. *Ética y enfermería*. Madrid: San Pablo, 2009, cap.2.

GARCÍA-MARZÀ, Domingo *et alt.* "Los principios de la Bioética". Material del *Curso de Especialista en Bioética* de la Universitat Jaume I de Castellón. Texto inédito.

GARCÍA-MARZÀ, Domingo *et alt.* "El diseño de las instituciones sanitarias". Material del *Curso de Especialista en Bioética* de la Universitat Jaume I de Castellón. Texto inédito.

TEMA 6:
LOS PRINCIPIOS DE LA BIOÉTICA.

Los principios de la bioética tienen como referente el *Informe Belmont* de 1978. Este informe recogía los principios éticos que debían regir la investigación biomédica, que eran tres: respeto por las personas, beneficencia y justicia. Posteriormente, Tom L. Beauchamp y James F. Childress, en su famoso libro *Principles of Biomedical Ethics* (1979) reformulan esos tres principios y los convertirán en los principios de la ética biomédica en general y de la ética asistencial en particular. Estos autores defienden los siguientes cuatro principios:

1. PRINCIPIO DE NO MALEFICENCIA:

El principio de no-maleficencia hace referencia a la obligación de no infligir daño intencionadamente. Se apoya en el principio ético de reconocer al otro como ser digno de respeto.

Este principio se inscribe en la tradición de la máxima clásica *"primum non nocere"* ("lo primero no dañar"). Aunque la máxima como tal no se encuentra en los tratados hipocráticos, sí que existe una obligación de no maleficencia expresada en el Juramento Hipocrático. Así, sobre el uso del régimen para el beneficio de los pacientes, este juramento dice: "si es para su daño (...) lo impediré".

Este principio solicita "no dañar". Una persona daña a otra cuando lesiona los intereses de ésta. Estos intereses incluyen, en primer lugar, intereses físicos y psicológicos, como la salud y la vida. Por ello, el médico tiene el deber de abstenerse de realizar cualquier tratamiento que esté contraindicado.

Pero, de una manera más amplia, los intereses del paciente incluyen también la reputación, la propiedad, la privacidad o la libertad. Así, el profesional puede dañar los intereses del paciente si, por ejemplo, viola su deber de secreto profesional y revela las enfermedades del paciente. Esa acción podría dañar la reputación del paciente, o su patrimonio si lo despiden del trabajo.

Para aplicar el principio de no-maleficencia en medicina es necesaria una consideración de la proporción entre beneficios y cargas de los tratamientos aplicables.

Cuando los riesgos son superiores a los beneficios, el deber ético es no actuar, de acuerdo al principio de no maleficencia.

Un ejemplo de este balance entre daños y beneficios que afecta al principio de no maleficencia es el tema del encarnizamiento terapéutico. En determinados pacientes puede existir un punto crítico en la evolución clínica a partir del cual el cuerpo, debido a su estado terminal, no asimila ni la medicación ni el alimento. En ese caso, el tratamiento resulta fútil, ya que no supone un beneficio para el paciente. Su vida sólo se puede mantener por medios artificiales. Pero continuar proporcionando alimentación o tratamiento a u paciente cuando no lo asimila, supone prolongar una situación que acarrea dolor y ningún beneficio para el paciente. Por ese motivo, en esos casos, continuar artificialmente con la vida del paciente a toda costa mediante el encarnizamiento terapéutico implica causarle un daño. Entonces, los costes son superiores al beneficio. Porque cuando la vida sólo se puede prolongar artificialmente, el tratamiento (es decir, la acción) no representa ningún beneficio, sino sólo un coste de sufrimiento para el cuerpo. Entonces es necesario aplicar el principio de no maleficencia. Lo ético es no actuar, es decir, no continuar con el tratamiento: desenchufar al paciente. De ahí que el encarnizamiento terapéutico sea una práctica médica no ética, pues supone una acción que acarrea un perjuicio superior al beneficio.

2. PRINCIPIO DE BENEFICENCIA:

Si la no maleficencia consiste en no causar daño a otros, la beneficencia consiste en prevenir el daño, eliminar el daño o hacer el bien a otros. Mientras que la no-maleficencia implica la ausencia de acción, el principio de beneficencia incluye siempre la acción.

En el lenguaje habitual, la beneficencia hace referencia a actos de buena voluntad, amabilidad, caridad, altruismo, amor o humanidad. La beneficencia puede entenderse, de manera más general, como todo tipo de acción que tiene por finalidad el bien de otros. Pero cuando Beauchamp y Childress hablan del *principio de beneficencia* no se refieren a todos los actos voluntarios realizados para hacer el bien (lo que se suelen llamar como actos supererogatorios), sino sólo a aquellos actos que son una exigencia ética en el ámbito de la medicina. El principio de beneficencia es una exigencia y no una mera invitación a la acción. Por ello es importante distinguir en qué circunstancias hacer el bien es una exigencia.

En su aplicación se requiere de nuevo recurrir a un balance de beneficios y riesgos cuando pensamos que un cierto tratamiento es necesario para prevenir un daño. El principio de beneficencia ordena actuar y hacer el bien cuando los beneficios que se esperan obtener con el tratamiento son superiores a las cargas que éste conllevaría. En cualquier caso, recordemos que en el paradigma moderno en el que vivimos qué sea bueno para el paciente lo decide el paciente (en diálogo con el médico). Así, el principio de beneficencia es el reverso del principio de no maleficencia. El de no maleficencia ordena no actuar cuando las cargas son mayores y el de beneficencia ordena actuar cuando los beneficios son mayores.

Un ejemplo del Principio de Beneficencia es actuar en caso de riesgo vital. El médico tiene la obligación moral de curar a un testigo de Jehová que llega inconsciente al hospital si no tiene constancia de que él haya rechazado en unas voluntades anticipadas recibir transfusiones. Por ese motivo, en caso de riesgo vital el primer paso es consultar siempre si el paciente tiene hechas unas voluntades anticipadas.

Otro ejemplo es hacer una transfusión a un hijo de testigos de Jehová. Con menores prevalece el deber de curar frente a la opinión de los padres. Porque los padres no pueden decidir sobre la vida de otra persona, ni siquiera la de su hijo.

Cuando la beneficencia se practica sin considerar la opinión del paciente, se incurre en el *paternalismo*, una práctica que no es admitida éticamente. Un ejemplo de paternalismo aún presente en la actualidad, es cuando la familia oculta al abuelo la dolencia real que padece, como el cáncer. En esas situaciones, un familiar suele acercarse con antelación a la consulta del médico de familia para pedirle que no le comunique al paciente su dolencia real. El médico no debe acceder nunca a esa solicitud, aunque en ocasiones suele hacerlo, faltando a su ética profesional, para no buscarse problemas.

El único supuesto en el que el paternalismo médico está aceptado es en el caso del privilegio terapéutico, del que hablaremos en un tema posterior.

3. PRINCIPIO DE AUTONOMÍA:

Para comprender el principio de autonomía debemos partir de la idea de persona autónoma. Esta es aquella que tiene la capacidad de deliberar sobre sus fines y de obrar bajo la dirección de esa deliberación.

En este sentido, ser autónomo no significa meramente seguir tus propios deseos o inclinaciones. Por ejemplo, el alcohólico tiene el deseo de beber, pero no decide libremente beber, porque su capacidad de discernimiento está turbada por el alcohol. Por ese motivo, la autonomía exige el uso de la razón.

A este respecto cabe recordar la distinción aristotélica entre las acciones no voluntarias, voluntarias e involuntarias:

a) *Acciones no voluntarias:* Son aquellas en las que el motor es ajeno al sujeto. Cuando el metro pega un frenazo, los pasajeros se golpean en cadena unos a otros. Pero nadie pide responsabilidad al que le golpeó, ya que todos saben que esa acción era no voluntaria, al tener su causa fuera del sujeto.

b) *Acciones voluntarias:* Para Aristóteles las acciones voluntarias son de dos tipos:

Unas son las *acciones guiadas por el deseo*. Son las acciones propias de niños o animales. Tanto niños como animales obran voluntariamente, guiados por sus deseos o apetencias. Así, un niño tiene el deseo de ir al parque y va voluntariamente. Pero lo voluntario no es lo mismo que lo decidido. El niño no decide ir donde va, porque el niño no tiene facultad racional. Simplemente se deja guiar por sus deseos (jugar, etc…).

El segundo tipo de acciones voluntarias son las *acciones decididas*. Estas acciones también responden a deseos (porque el ser humano siempre desea cosas), pero requieren del uso de la razón, y eso sólo está al alcance de las personas adultas. El sujeto racional delibera sobre sus fines (ver *Saber y ganar*, dormir la siesta, venir a clase de Ética a escucharme), y, finalmente, elige y decide una acción racionalmente. Por ejemplo, tú has decidido venir a clase porque has pensado que era el modo más racional para conseguir el objetivo de aprender el contenido de la asignatura y aprobar. Así, la persona autónoma es aquella que decide racionalmente sus acciones y actúa en consecuencia, y no meramente la que se guía por deseos sin juzgarlos previamente.

c) *Acciones involuntarias:* Estas son acciones llamadas "mixtas" por Aristóteles. Son aquellas en las que el motor de la acción es el propio sujeto, pero las realiza de forma obligada y en contra de su voluntad. Por ejemplo, unos marineros que llevan un tesoro en un barco que zozobra en la tormenta deben decidir si arrojar el tesoro para salvar su vida o tratar de llegar a puerto arriesgando su vida. Finalmente deciden arrojar el tesoro. Esa es una acción decidida, ya que se toma racionalmente. Pero se toma esa acción de forma forzada, en contra de la voluntad de los marineros, que era llegar a puerto con el tesoro.

Por otro lado, la autonomía es un concepto que admite grados. Una acción es autónoma cuando el que actúa lo hace:

a) Intencionadamente.

b) Con comprensión.

c) Sin influencias controladoras que determinen su acción.

La intencionalidad no admite grados; la comprensión y la coacción sí. Para poder determinar si una acción es autónoma, tenemos que conocer si es o no intencional: es decir, si la persona realiza la acción porque tiene el deseo y la voluntad de hacerla y no porque está hipnotizada, por ejemplo. Además, debemos comprobar si supera un nivel substancial de comprensión y de libertad de coacciones, y no si alcanza una total comprensión o una total ausencia de influencias. Porque nadie tiene un conocimiento absoluto de la realidad y porque todas las personas están condicionadas en sus acciones por algunas circunstancias. La libertad absoluta tampoco existe.

La autonomía de una persona es respetada cuando se le reconoce el derecho a mantener puntos de vista, a hacer elecciones y a realizar acciones basadas en valores y creencias personales.

Por ello, el respeto por la autonomía del paciente obliga a los profesionales a:

a) Conocer la cultura y los valores del paciente: este es el requisito fundamental que deben cumplir los profesionales, no sólo para respetar el principio de autonomía, sino también, en el caso de la enfermería y la podología, para aplicar los cuidados más adecuados. Vivimos en sociedades interculturales, por lo que al centro de salud o a la clínica podológica acuden personas de diferentes culturas, creencias, costumbres y valores. Sólo podremos respetar adecuadamente su autonomía como pacientes si sabemos interpretar esos valores y adaptarlos a la práctica sanitaria. Por ese motivo, los profesionales sanitarios deben adoptar, en palabras de Madeleine Leininger, los denominados "cuidados culturales". Es decir, los profesionales deben saber aplicar cuidados que sean significativos para los pacientes de otras culturas, para que esos pacientes no se sientan incómodos, incomprendidos o invadidos en su intimidad al recibir esos cuidados. Para ello, como digo, es esencial conocer la cultura de los pacientes y cómo interpretan su enfermedad.

Estos cuidados culturales se pueden aplicar a diversas situaciones que veremos a lo largo de los temas. Por poner sólo un ejemplo aquí, es normal que gente religiosa acuda a una operación portando amuletos, medallas de la Virgen, etc... Ese deseo debe ser respetado, y no sólo por el respeto a los valores del paciente. También desde un aspecto clínico: portar esos amuletos resulta beneficioso para la tranquilidad y el estado de ánimo del paciente, además de ayudar a su recuperación, al encontrarse el paciente más seguro de sí mismo.

b) Revelar información: la información debe ser presentada de forma verbal, no sólo escrita con el documento de consentimiento informado.

c) Asegurar la comprensión: como ya establecía el *Código de Nüremberg*, el profesional debe cerciorarse de que el paciente ha entendido la información suministrada. Esto va más allá de asegurarse de que el paciente ha entendido los datos objetivos que se le han transmitido (beneficios, riesgos, etc...). Implica también, como se expuso anteriormente, comprobar cómo el paciente asimila la información suministrada. Por ejemplo, que no lo hace dominado por el miedo por una mala experiencia pasada y que ese miedo le lleve a rechazar un tratamiento o incluso el ser informado.

d) Asegurar la voluntariedad: asegurarse de que el paciente no toma su decisión presionado por familiares ni líderes espirituales de su grupo. Siguiendo con los cuidados culturales, se debe respetar que el paciente reciba la visita de familiares, grupos de creyentes y sacerdotes o chamanes, así como que pueda practicar rituales y oraciones. Estas solicitudes deben atenderse en la medida en que pueden ser beneficiosas para la curación del paciente. Ahora bien, esas visitas de líderes religiosos o de grupos de fieles no podrán ser nunca un obstáculo para el ejercicio de la autonomía del paciente. Por eso, por ejemplo, cuando se va a informar a un paciente encamado se debe solicitar a los acompañantes que salgan de la habitación. Sólo así el paciente se sentirá libre para hablar con el profesional y decidir el tratamiento que realmente quiere. Así, se puede dar el caso de un testigo de Jehová que cuando están sus correligionarios delante en la habitación diga que no quiere una transfusión de sangre, pero una vez solo con el médico en la habitación, pida que le hagan la transfusión.

e) Potenciar la participación del paciente en la toma de decisiones: una vez se ha explicado al paciente el contenido, se le puede pedir que pregunte lo que considere oportuno para aclarar sus dudas.

El paradigma de la autonomía en ética biomédica es el consentimiento informado. El principio de autonomía también está a la base de las voluntades anticipadas o la negativa de los Testigos de Jehová a la transfusión de sangre.

4. PRINCIPIO DE JUSTICIA.

A partir de los años setenta del siglo pasado, la universalización en el acceso a la salud, la aparición de nuevos tratamientos médicos (como los trasplantes), el incremento de los costes de estos cuidados, así como la escasez de recursos, han ocasionado en el ámbito de la sanidad el debate sobre la justicia social.

La máxima clásica de Ulpiano dice que la justicia consiste en "dar a cada uno lo suyo". De un modo similar, Beauchamp y Childress entienden que la justicia es el tratamiento equitativo y apropiado a la luz de lo que es debido a una persona. Una injusticia se produce cuando se le niega a una persona el bien al que tiene derecho o no se distribuyen las cargas equitativamente.

Hay dos elementos relevantes a señalar en este Principio de Justicia:

4.1. MODELOS DE JUSTICIA DISTRIBUTIVA:

El principio de Justicia se refiere a la *justicia distributiva*, dirigido a la distribución imparcial, equitativa y apropiada en la sociedad de los recursos sanitarios.

El principio de justicia regula las políticas que fijen la asignación de beneficios y cargas que implica la asistencia sanitaria. En el s.XX se han desarrollado tres modelos de justicia distributiva. No hay un modelo que sea el mejor. Todos tienen ventajas e inconvenientes.

1) Sistema liberal: A cada cual según su esfuerzo: Es propio de los EE.UU. y se asienta sobre el principio de autonomía. Concibe la sanidad como un bien de mercado y establece que cada cual debe pagarse la sanidad que quiera. Cada cual debe ser responsable de sus actos, y la sociedad no puede cargar con sus errores. Por ejemplo, si alguien quiere fumar, sabe que puede contraer un cáncer de pulmón. Por ello, debe pagarse un seguro que le cubra el tratamiento contra el cáncer; o si a alguien le gusta el alpinismo debe tener un seguro que cubra la tetraplejia. Porque la sociedad no tiene por qué cargar con los errores de otros. Por ese motivo en este modelo priman los seguros privados.

El sistema liberal cuenta con dos ventajas fundamentales:

a) Respeta la autonomía del paciente para cubrirse los gastos sanitarios que desee.

b) Fomenta la responsabilidad del paciente para adquirir modos de vida saludables, de tal forma que este sistema impulsa la medicina preventiva.

Por otro lado, este modelo tiene como problema que, en realidad, la sanidad no es un bien de mercado. Las personas pueden elegir qué coche comprarse, pero no eligen de qué enfermar. Contraer un cáncer hereditario o padecer un ictus no depende de la voluntad de la persona. Así que, para tener cubierta la salud, las personas tendrían que tener seguros que cubrieran todo tipo de dolencias. Pero esos seguros, por su precio, no están al alcance del ciudadano medio, y no digamos ya de los más humildes.

2) Sistema socialista: A cada cual según sus necesidades: Es propio del socialismo. Va más allá del mero respeto a la autonomía y da un papel más activo al Estado en la promoción de una asistencia a todos los ciudadanos en condiciones de igualdad de oportunidades. El Estado fija unos servicios que puede cubrir para toda la ciudadanía, pero los servicios que quedan fuera de la cobertura pública quedarán vetados a la ciudadanía.

La ventaja de este sistema es que garantiza una cobertura gratuita de servicios para toda la ciudadanía con independencia de su nivel de renta.

Pero un problema de este sistema es que puede caer en el paternalismo, al fijar qué es bueno para los ciudadanos sin contar con su voluntad. Es decir, establece unilateralmente un conjunto de prestaciones como norma general, sin permitir que los ciudadanos tengan un seguro privado para cubrirse los tratamientos que quedan fuera de la cobertura pública. De esta forma, si alguien enferma de algo que no cubre la sanidad pública, no podría acceder a su curación.

Otro problema del sistema socialista es que, como la cartera de servicios consiste en un regalo del Estado, y no un derecho de la ciudadanía, cuando en el sistema socialista se acaban los recursos económicos para cubrir la sanidad, la solución pasa por eliminar esa cartera de prestaciones. Esta es una diferencia clave con el modelo mixto propio del Estado del Bienestar, que paso a exponer.

3) Sistema mixto: Para resolver los excesos de los sistemas liberal y socialista se creó el sistema mixto, propio del Estado del Bienestar. Este sistema recoge lo bueno de cada uno de los otros sistemas y evita sus debilidades:

En línea con el modelo socialista, el sistema mixto establece una cartera de servicios que debe ser proporcionada de forma gratuita por el Estado a toda la ciudadanía. Pero, a diferencia del modelo socialista, esa cartera de servicios, denominada "mínimo decente", no se entiende como un regalo del Estado, sino que constituye un derecho de la ciudadanía.

Del otro lado, al igual que el modelo liberal, el sistema mixto permite que los sujetos tengan la libertad de acceder mediante seguros privados al resto de servicios que quedan fuera del mínimo decente, como la cirugía estética, por ejemplo.

De esta forma, el modelo mixto conjuga la libertad del sistema liberal con la igualdad de protección de la cobertura sanitaria del Estado socialista. Es una forma de mediar entre el principio de la autonomía y el de beneficencia. Esta es también su principal ventaja.

El problema del Estado del bienestar es cómo mantener las prestaciones garantizadas ante la escasez de recursos. En el Estado del bienestar la sanidad es un derecho de la ciudadanía. Por ese motivo, ante una crisis económica en la que haya pocos recursos, la solución no puede pasar por cerrar los hospitales o los ambulatorios, como pasa en un sistema socialista cuando se acaba el dinero. En el Estado del bienestar, el Estado debe tomar medidas duras que permitan la garantía del derecho a la sanidad, ya sea mediante la subida de impuestos o la emisión de más deuda pública.

Así también, la escasez de recursos lleva a establecer prioridades, por ejemplo, en listas de espera para operaciones. Se necesitan unos criterios para la distribución de recursos escasos, como son las listas de espera. De forma general prima el criterio de gravedad del paciente: a los pacientes más graves se les atiende antes, con independencia de su esperanza de vida, de lo que hayan contribuido al Estado del bienestar o de la responsabilidad que tengan en su enfermedad.

En cambio, en casos de catástrofe (un atentado terrorista masivo, un terremoto o una pandemia) el criterio se invierte: se debe atender antes a los que tengan más probabilidades de sobrevivir, mientras que a los más graves se les deja para más tarde.

4.2. ESTABLECIMIENTO DE UN "MÍNIMO DECENTE":

El principio de justicia en el sistema mixto o Estado del Bienestar establece una cartera de servicios a la que todos los ciudadanos tienen derecho en cuanto tales y que sería injusto que no tuvieran acceso a ella. Aquí el ejemplo paradigmático es la asistencia sanitaria. En un Estado de Bienestar todos los ciudadanos tienen derecho a que su vida y su salud sean protegidas mediante la prevención de la enfermedad, la curación cuando están enfermos y el cuidado cuando la enfermedad es irreversible. El derecho a recibir una asistencia sanitaria digna es, así, un derecho de justicia y no mera beneficencia.

El problema estará en determinar hasta dónde llega ese nivel de asistencia al que todos tienen derecho, debido a la escasez de recursos. Para ello debe fijarse un "mínimo decente" como aquella cartera de servicios que marcan un nivel de trato digno universal al que todos los ciudadanos tienen derecho, sin que sea posible la discriminación de ningún tipo. Se llama "mínimo decente" no porque esa cartera de servicios sea limitada, sino porque es lo exigible en justicia para todos los ciudadanos. Pero qué se considere un "mínimo decente" varía según las circunstancias históricas y el nivel de recursos disponibles. Por ejemplo, hoy no incluye la cirugía estética ni los cuidados podológicos.

De esta manera, el principio de justicia en ética biomédica establece que, dentro del Estado del Bienestar, el paciente nunca podrá recibir menos de lo que se incluya en ese mínimo decente que la sociedad puede ofrecerle en el marco de una distribución equitativa de los recursos sanitarios. Si a un ciudadano se le negara una prestación incluida en ese mínimo decente se estaría cometiendo una injusticia.

Pero también el principio de justicia pone límites a lo que un paciente puede solicitar. El paciente no podrá pedir más de lo que la sociedad considera como "mínimo decente". Un ejemplo es el caso de los testigos de Jehová que solicitan tratamiento sin sangre para recibir un tratamiento acorde a sus convicciones religiosas igual que el resto de personas. Los tribunales rechazan esa solicitud, ya que ese tratamiento va más allá de lo que se ofrece al resto de pacientes.

5. JERARQUIZACIÓN DE LOS PRINCIPIOS DE LA BIOÉTICA:

La toma de decisiones en Bioética surge siempre por el conflicto de dos o más principios. Por ejemplo, en el caso de la transfusión de sangre a un testigo de Jehová mayor de edad se produce un conflicto entre el principio de beneficencia (hacer el bien al paciente realizando la transfusión para salvarle la vida) y el de autonomía (la decisión del paciente testigo de Jehová de rechazar la transfusión). En estos casos la toma de decisiones en Bioética se realiza desde un balance de los principios éticos implicados en cada caso. Aunque cada situación debe ser examinada atendiendo a las circunstancias particulares que la rodean, de manera general se puede establecer una jerarquización de principios que ayuda a discernir la prioridad entre ellos:

NIVEL DE MÍNIMOS

- Principio de No Maleficencia (respetar la integridad).

- Principio de Justicia (no discriminar).

NIVEL DE MÁXIMOS:

- Principio de autonomía (respetar la decisión).

- Principio de Beneficencia (hacer el bien).

Los Principios de la Bioética se pueden dividir en dos niveles:

- El *nivel de Mínimos* contiene aquellos principios que poseen una prioridad absoluta, al referirse a cuestiones que afectan a las normas éticas básicas de mantener la integridad personal (principio de no maleficencia) y la no discriminación (principio de justicia).

- El *nivel de Máximos* contiene los principios que hacen referencia a aspectos que pueden ser tenidos en cuenta, pero a un nivel secundario respecto a la justicia y la no maleficencia. Así, por ejemplo, la solicitud del testigo de Jehová de recibir unos tratamientos sin sangre extraordinarios (principio de Autonomía) que no se aplican al resto de pacientes con la misma dolencia puede entrar en conflicto con el igual trato en justicia al resto de pacientes (Principio de Justicia). No sería ético proporcionar a una persona unos tratamientos que suponen una discriminación respecto al resto de pacientes.

En todo caso, hay que tener claro que los conflictos que surgen entre los principios de la Bioética se deben entender como *problemas*, no como *dilemas*. La diferencia entre un dilema y un problema es que el dilema presenta dos únicas soluciones, que son antagónicas: optar por una implica renunciar a la otra. En cambio, un problema se caracteriza porque la solución está abierta y debe ser encontrada a través de un proceso de diálogo.

Como ejemplo de problema de bioética podemos poner este:

Un mendigo es dado de alta en un hospital. Una enfermera se compadece de él y decide darle una magdalena de la cocina del hospital porque sabe que en la calle no tendrá nada para comer.

La pregunta es: ¿debe darle la magdalena o no?

Aparentemente aquí nos encontramos ante un dilema: sólo caben dos opciones: darle la magdalena para que tenga algo que comer al salir del centro (principio de beneficencia) o bien no dársela y dejar que se vaya sin nada, pues ya no es paciente del hospital y estaría privando de recursos a los pacientes ingresados (principio de justicia).

Sin embargo, es falso que sólo quepan estas dos opciones. Si enfocamos este caso como un problema podremos encontrar una solución alternativa: hablar con los servicios sociales del hospital para que colaboren en la reinserción social de esa persona. Como puede comprobarse, esta tercera solución es mucho mejor que las dos anteriores. Es una opción mejor porque, como vimos en el Tema 5, la atención al paciente debe ser integral. En este caso, limitarnos a dar o no la magdalena no solucionaría el problema real del paciente, que es su situación de mendicidad, no el no tener nada que comer ese día.

BIBLIOGRAFÍA:

ARISTÓTELES. *Ética a Nicómaco*. Madrid: Gredos, 2000.

ARROLLO, Ma. Pilar. *Ética y legislación en enfermería*. Madrid: McGrave-Hill, 1996, cap.1.

FEITO GRANDE, Lydia. *Ética y enfermería*. Madrid: San Pablo, 2009, cap.3.

GARCÍA-MARZÀ, Domingo *et alt*. "Los principios de la Bioética". Material del *Curso de Especialista en Bioética* de la Universitat Jaume I de Castellón. Texto inédito.

ROHRBACH-VIADAS, Cecilia. "Introducción a la teoría de los cuidados culturales enfermeros de la diversidad y de la universalidad de Madeleine Leininger", en *Cultura de los cuidados*, núm.3, 1998, pp.41-45.

TEMA 7:

EL CONSENTIMIENTO INFORMADO.

1. INTRODUCCIÓN:

El consentimiento informado (CI) es la aquiescencia prestada por un enfermo, donante o sujeto de investigación competente a los procedimientos diagnósticos o terapéuticos que se van a efectuar sobre él, después de haber recibido la información necesaria sobre el proceso.

El CI es la muestra más representativa del principio de Autonomía, ya que en el CI se hace presente en el ámbito sanitario el respeto a los valores y a la voluntad del individuo. Al paciente se le reconoce como sujeto de derechos y como interlocutor válido; es decir, como sujeto capacitado para decidir sobre su salud. Esto, como vimos en el Tema 5, no sucedía en el paradigma tradicional, de corte paternalista.

Pero el CI no es un mero proceso de proporcionar información, sino que esa información se tiene que proporcionar de un modo y en unas condiciones adecuadas para que verdaderamente se reconozca la autonomía del o la paciente.

2. RECOMENDACIONES:

El CI suele consistir en un documento en el que se informa al o la paciente sobre sobre los riesgos y beneficios de la intervención. Sin embargo, la solicitud del CI debe realizarse del modo apropiado.

Unas recomendaciones a seguir en el proceso de solicitar el CI serían las siguientes:

2.1. SOBRE EL MODO (*CANTIDAD*):
- Se debe proporcionar una información completa, evitando siempre excesivos detalles. La información dada debe cubrir unos elementos concretos de información que veremos después. En todo caso, la información no debe ser exhaustiva, ya que proporcionar una excesiva información incrementa el miedo del paciente.
- No emplear lenguaje técnico y asegurar la comprensión.
- No hay que ocultar información importante.

- No manipular el contenido. Sólo así el paciente podrá valorar los riesgos posibles de cada alternativa y decidir de acuerdo a sus valores.

- Debe dejarse siempre un tiempo de reflexión, y,

- En el caso de que deniegue el CI, reiterarle los riesgos y, en todo caso, garantizar otras formas de asistencia.

2.2. SOBRE LAS *CONDICIONES* (LUGAR):

- Debe ser en un sitio tranquilo.

- Que evite las interferencias.

- Que garantice la confidencialidad.

- Que garantice la intimidad.

- Que garantice la relación simétrica (hay que mostrarse cercano al paciente).

- Se debe fomentar la participación, por ejemplo, indicando al paciente que puede preguntar si tiene alguna duda o si necesita que le repitamos algo.

- Se debe hacer sin prisas, porque la urgencia de la firma suele generar desconfianza en los pacientes, y con ello aumentarán los problemas.

3. CONCEPCIONES DE CI:

Que se sigan o no estas indicaciones dependerá de la concepción que el profesional tenga del CI. Hay dos formas de entender el CI, que revelan dos maneras de afrontar la solicitud del consentimiento informado al paciente:

3.1. EL CI COMO DOCUMENTO:

El CI se ve como un elemento puntual del acto médico, reducido a la obtención de una firma. Este modelo responde a una visión legalista, en la que lo que importa es el ejercicio de un derecho por parte del paciente y la salvaguarda del sanitario, que evita una posible demanda.

Este modelo, dirigido sólo a obtener la firma del paciente, es propio de la medicina defensiva y es el prototipo de lo que no debe hacerse. Este modelo promueve la indolencia profesional. Son muchos los profesionales que entregan el formulario al paciente y le dicen: "léalo y si está conforme, firme debajo". Pero de este modo, con entregar el documento al paciente y decirle que lo lea, no se le está informando, ya que la información se sobreentiende que debe ser siempre verbal. Además, al no informar verbalmente se cae en el paternalismo. Se está tomando al paciente como a un disminuido, incapaz de comprender lo que el profesional le vaya a decir.

Pero, sobre todo, esta forma de solicitar el CI pervierte no sólo el espíritu del CI, sino de la misma relación médico-paciente, al asentarla en la desconfianza. Si el profesional sanitario no informa, el paciente sentirá desconfianza hacia él, pues tendrá miedo de que le esté ocultando información. En consecuencia, si durante la intervención surge un inconveniente, se decidirá más fácilmente a demandar al profesional ya que, al no haber sido informado verbalmente y no recordar lo que ponía el documento de CI, pensará que esa contraindicación no estaba contemplada en el documento. De hecho, hay abogados que trabajan por *cuota litis*: demandan gratis y sólo cobran a comisión si ganan el pleito. Por tanto, hasta la demanda al profesional puede salir gratis al paciente, lo cual incentiva que haya más demandas.

Para evitar esta situación, resulta conveniente optar por otro modo de entender el CI.

3.2. EL CI COMO PROCESO DE COMUNICACIÓN:

En este modelo el lugar central lo ocupa el proceso de comunicación, no la firma del documento. De esta manera, el profesional reconoce al paciente como interlocutor válido, como un sujeto autónomo capaz de tomar sus decisiones. Ese reconocimiento de la autonomía del paciente lleva al profesional a entablar un proceso de diálogo en el que, en plano de simetría, informa al paciente de los riesgos, beneficios, alternativas, etc... El paciente reclama la información que necesita y, finalmente, entre los dos fijan unos objetivos comunes y toman una decisión. La firma es la rúbrica a ese diálogo donde prima el mutuo respeto y la confianza.

De esta manera, como la decisión es tomada de mutuo acuerdo, y el paciente es consciente de lo que ha firmado, se evita la desconfianza del paciente. Así, si sucede una contraindicación, el paciente ya era consciente de que eso podría pasar, y será menos probable que demande al profesional.

Así pues, actuando de forma ética y respetando la autonomía del paciente, se construye una relación entre profesional y paciente más saludable y se evitan problemas innecesarios. Este es el fruto de la ética en la relación sanitaria.

4. ELEMENTOS DEL CI:

Los elementos que dan forma al CI son tres:

a) Competencia: La competencia es la aptitud psíquica que permite a un individuo tomar decisiones de manera autónoma.

b) Información.

c) Voluntariedad.

4.1. COMPETENCIA:

La información se le proporciona al paciente competente. Si bien el médico debe presuponer inicialmente la competencia del paciente, si observa algún hecho que le haga sospechar, debe evaluar la competencia del paciente. En base a esta evaluación el profesional podrá decidir cuánta información podrá proporcionar al paciente o, en su caso, si no podrá darle ninguna y buscar a familiares. Hay protocolos y test para evaluar la competencia del paciente. Dichos protocolos evalúan si el paciente supera cierto grado de aptitudes psíquicas que se considera válido para que la decisión sea autónoma.

Es fundamental distinguir entre competencia y capacidad. La competencia es una característica intelectual. En cambio, la capacidad hace referencia a un estatus legal.

Competencia: es la aptitud psíquica que permite a un individuo tomar decisiones de manera autónoma.

En el CI, la competencia implica que el paciente tenga la capacidad para:

a) comprender su estado de salud y gravedad del mismo.

b) comprender la información suministrada.

c) tener en cuenta las variables y el contexto en que se encuentra.

d) hacer un balance racional de riesgos y beneficios del procedimiento propuesto y de las alternativas.

e) deliberar sobre las alternativas planteadas de acuerdo a su orden de valores. Recordemos que las personas no toman las decisiones sobre su salud de acuerdo sólo a su cuadro clínico, sino también de acuerdo a su sistema de valores.

f) evaluar de una manera proporcionada cada uno de los elementos presentes en el caso.

g) tomar una decisión consecuente con la deliberación realizada.

Toda persona es competente mientras no se demuestre lo contrario. Existe así una presunción de competencia: se debe presuponer la competencia de todas las personas. Sólo cuando surjan dudas el profesional deberá evaluar si el paciente realmente es competente. Esto implica que no se puede subestimar la competencia de nadie sólo por su apariencia (por ejemplo, su ancianidad) sin haberla evaluado antes, pues de lo contrario se le estaría privando del derecho a decidir sobre su salud. Además, se la estaría tratando de forma paternalista. De ahí que no sea aceptable, por ejemplo, la tendencia a considerar como no competentes a ciertos colectivos sociales, como toxicómanos o como sucede con las personas ancianas por el mero hecho de su edad.

Es importante señalar que la competencia admite grados. Se puede ser más o menos competente. Por ejemplo, alguien puede ser competente para decidir sobre una operación de próstata, pero no para un trasplante. Para cada intervención y tratamiento se requerirá un nivel de competencia distinto. Depende de los riesgos y la complejidad de la información que se tenga que asimilar. No es la misma información que se debe asimilar para someterse a una operación de próstata que para un trasplante. Por ello, cuanto más compleja sea la intervención, se exigirá al paciente superar un mayor grado de competencia.

También un paciente puede ser no competente ahora por una depresión y dentro de unos meses, cuando se le pase la depresión, volver a serlo. O hay quien no podrá serlo nunca: los discapacitados mentales.

Capacidad: Hay distintas formas de capacidad. Aquí distinguiremos dos de ellas:

a) Capacidad de derecho: Es la característica de todo ser humano de ser sujeto titular de derechos desde su nacimiento hasta su muerte, con independencia de su edad o estado mental.

b) Capacidad legal: Se aplica a aquellas personas que, por su estatus legal (mayoría de edad sanitaria), y competencia, pueden ejercer de una forma efectiva sus derechos sin necesidad de acudir a un representante.

Aquí abordaremos la capacidad legal. Se trata de un estatus legal por el que se reconoce a la persona la capacidad y el derecho de tomar decisiones de manera autónoma. La capacidad legal se adquiere con la mayoría de edad sanitaria y después la puede revocar un juez (y volver a conceder) bajo la supervisión médica. Un facultativo evalúa la competencia de un paciente, decreta que no es competente y entonces sus familiares acuden al juzgado con ese informe para que el juez le declare incapaz legalmente. De ahí que se emplee el término "van a incapacitar al abuelo para meterlo en la residencia".

Por otro lado, la capacidad no admite grados. O se está capacitado legalmente o no se está. De hecho, alguien puede haber sido incapacitado legalmente por una depresión. Pero cuando esa depresión se cura y el paciente sea ya competente de nuevo, la persona seguirá estando incapacitada legalmente hasta que otro médico vuelva a evaluar y certificar la competencia psíquica de esa persona. Con ese informe el paciente irá al juez y éste la volverá a declarar capaz legalmente.

4.2. INFORMACIÓN:

Es un error considerar el CI meramente como un proceso de información. El CI es, sobre todo, un proceso dialógico. Como vimos al tratar el principio de autonomía, para tomar una decisión, el paciente necesita tener un conocimiento acerca del diagnóstico, de los tratamientos disponibles y de las consecuencias de los mismos. Esta información debe ser proporcionada por el médico. Pero, a su vez, para informar, el médico necesita también recibir información por parte del paciente, como sus síntomas, sus expectativas y cómo interpreta su enfermedad en el marco de sus objetivos vitales. Por ello, este intercambio de información se convierte en un proceso dialógico en el marco de una relación simétrica.

No obstante, el CI es un proceso que se apoya fundamentalmente sobre la información que suministra el sanitario. En consecuencia, un elemento esencial del CI es establecer cuánta información debe proporcionarse al paciente. Evidentemente, ello siempre dependerá de su grado de competencia. Si un paciente no entiende la información o se le satura de una información que no puede asimilar, el paciente no podría tomar una decisión de manera autónoma. Por ese motivo, la cantidad de información que se debe suministrar depende de la competencia del paciente.

En todo caso, al menos debe ser posible fijar un criterio sobre el grado mínimo de información que se debe proporcionar a un paciente competente. Los elementos que se consideran imprescindibles en todo proceso de información son:
- Naturaleza de la enfermedad, diagnóstico y pronóstico.

- Cursos de acción posibles.

- Características del procedimiento seleccionado por el médico.

- Riesgos y efectos secundarios.

- Beneficios esperados.

- Procedimientos alternativos, con sus ventajas e inconvenientes.

- Efectos posibles de la no utilización de este procedimiento.

- Oferta de mayor información.

- Libertad del paciente para revocar o reconsiderar su decisión.

Finalmente, el proceso de información es un ámbito en que también se ponen a prueba los cuidados culturales. Hay culturas, como la japonesa, en la que no es costumbre informar a los pacientes ni pedirles su consentimiento para realizar una práctica sanitaria, sino que se habla con la familia. Sólo se informa al paciente cuando se trata de una situación grave, para hacerle saber que tiene próxima la muerte. Por ello, al informar aquí con naturalidad al paciente puede ser que se preocupe pensando que su situación es grave. Para evitar que se produzcan estas situaciones hay que tener la precaución de informar al paciente de una cultura distinta a la nuestra de que la información y la decisión sobre su salud es un derecho que tiene como paciente, para que no piense que se le informa porque se encuentre en una situación grave.

4.3. VOLUNTARIEDAD:

El punto final del CI es la toma de la decisión acorde con el sistema de valores del paciente. Esa decisión debe ser tomada libremente, sin que se le persuada, manipule o coaccione. Ciertamente la libertad absoluta no existe, y todos estamos condicionados por diferentes factores. Por ejemplo, en un hospital, el paciente se siente incómodo y sus deseos de abandonar pronto el centro pueden condicionarle para tomar ciertas decisiones. Pero en todo caso, se deben evitar situaciones de coacción o manipulación por parte de los profesionales. A este respecto, hemos de recordar que la voluntariedad (es decir, la ausencia de coacción) admite grados. No es lo mismo que dos médicos coaccionen o presionen al paciente para que acepte hacerse una intervención insistiendo en los beneficios de la misma para su salud, a que esa coacción la realicen tres guardias de seguridad con amenazas.

Por otro lado, en el ejercicio de su autonomía el paciente puede pedir consejo, o puede preguntar, por ejemplo, qué alternativa es menos dolorosa. Pero el profesional no debe interferir en su toma de decisiones.

Una situación en la que los podólogos se pueden encontrar en su profesión es que, al informar al paciente, éste les dijera: "¿Vd. qué haría en mi caso?, ¿se operaría el juanete o no?" Aquí la respuesta del profesional debe ser siempre: "yo haría lo que considerase mejor para mí." La empatía que el sanitario debe tener con el paciente no puede llevar a ponerse en su lugar para aconsejarle qué hacer. Porque los factores personales, familiares, económicos, religiosos, etc… de cada paciente son únicos de él y las circunstancias del profesional pueden ser otras muy distintas. Por poner un ejemplo extremo, tal vez la situación familiar en la que el sanitario se encuentre en ese momento sea una muy triste, este harto o harta de vivir y ante un cáncer preferiría no someterse a la quimio. Pero quizá el paciente que le pregunta es muy feliz con los suyos (aunque eso no se lo ha dicho) y preferiría someterse a la quimio. Si el paciente le pregunta al profesional ¿Vd. qué haría en mi caso? Y el profesional le dijera "¡pues yo no me daría la quimio!" ese profesional estaría empujando a ese paciente a la muerte. Por ese motivo precisamente, qué sea lo bueno para el paciente lo debe decidir el propio paciente.

Es más, si se le intentara persuadir buscando su bien se estaría actuando de una forma paternalista, porque lo bueno para el paciente sólo lo puede decidir él.

5. LÍMITES AL CI: EXIMENTES DE SU OBTENCIÓN:

La solicitud del CI resulta preceptiva, tanto para intervenciones médicas como para sujetos de investigación. Sin embargo, existen casos en que la solicitud del CI no es necesaria. La Ley 41/2002 del 14 de noviembre, Cap. IV, art.9, fija los límites del CI y el consentimiento por representación. Esta ley establece estos eximentes:

1. El paciente rechaza ser informado:

La Ley de Autonomía del paciente establece el derecho a recibir información. Pero ese derecho incluye también el derecho del paciente a no ser informado si no quiere. Por ese motivo, el paciente puede negarse a recibir información. Es un derecho ejercido en virtud de la autonomía del paciente, y por tanto, hay que respetar su voluntad. El paciente puede pedir al médico que haga él lo que crea mejor según su entender y aplique el Principio de Beneficencia. O bien, puede decirle: "Informe a mi hijo, que yo no me entero". Quizá el paciente sea competente, pero se siente mayor y, sinceramente, prefiere no enterarse de lo que le pasa y quiere que sea su hijo el que le informe de una manera más dulcificada de su situación para evitarle preocupaciones o disgustos.

En todo caso, como se expuso anteriormente, ante estas situaciones, el profesional debe indagar en las causas reales que empujan al paciente a no querer ser informado, para evitar que lo haga inducido por el miedo o la angustia. Ante el temor a padecer una enfermedad grave, el paciente puede verse afectado y no querer afrontar esa situación. Pero entonces no sería autónomo, al estar dominado por el miedo. Para evitarlo, el profesional debe dialogar con ese paciente para transmitirle confianza y reforzar su autonomía. Sólo así el paciente podrá decidir de una forma autónoma no ser informado.

2. Intervenciones que no requieren el CI del paciente:

1) Riesgo para la salud pública. Este es el caso de pacientes que contraen enfermedades infecto-contagiosas. Por ejemplo, si alguien contrae el ébola, deberá ser tratado con los procedimientos establecidos y el paciente no podrá negarse a recibir el tratamiento prescrito, ya que su enfermedad es un riesgo para la salud pública. Del mismo modo, en el caso de la pandemia, el confinamiento domiciliario a los contactos estrechos de personas que dan positivo en PCR es una medida de obligado cumplimiento tomada para salvaguardar la salud pública y evitar la expansión del virus.

2) Riesgo vital. Cuando alguien entra en el hospital en riesgo vital, siempre que sea posible se solicitará el CI, aunque sea de forma verbal. En cualquier caso, si se decide solicitar el CI, se debe cumplir las condiciones de tiempo necesario para que el paciente pueda asimilar la información y para que la urgencia no suponga una coacción. El paciente se puede negar a un tratamiento de urgencia vital, aunque en ese caso la negativa debe quedar fijada por escrito. En cambio, la aceptación del tratamiento de riesgo vital se puede hacer de forma verbal. En el caso de que sea imposible solicitar el CI al paciente o a unos representantes, debe consultarse si el paciente posee voluntades anticipadas, y, si no las tiene, entonces el profesional debe guiarse por el principio de beneficencia para salvar la vida al paciente.

3. CI por representación:

De acuerdo a la Ley de autonomía del paciente (41/2002 del 14 de noviembre), el sujeto legal de información clínica es el paciente. Ello significa que es a él a quien hay que informar en primer lugar y solicitarle en CI, y no a sus familiares. Por ese motivo, cuando el paciente no puede decidir sobre su salud, se solicita el denominado "CI por representación", ya sea a sus familiares directos o a su representante legal. Los casos en que cabe consentimiento por representación son los siguientes:

1) Cuando el enfermo no es competente para tomar decisiones (pero no está incapacitado legalmente). Por ejemplo, alguien que está hospitalizado en estado inconsciente.

2) Cuando el paciente está incapacitado legalmente. Por ejemplo, un discapacitado.

3) Menores de edad. La mayoría de edad sanitaria se establece en los 16 años. A partir de los 12 años el menor debe ser escuchado, aunque hasta los 16 años la decisión la tomará el representante legal. A partir de los 16 años no cabe consentimiento por representación, excepto en los tratamientos graves. En los casos graves, entre los 16 y 18 años se informa a los padres y su opinión es tenida en cuenta. A partir de los 18 años el paciente ya es mayor de edad legalmente y puede decidir por sí mismo.

El problema principal que surge aquí es en los casos graves en pacientes entre los 16 y 18 años. La cuestión es que no hay una lista oficial de casos considerados graves, como pudieran ser el cáncer o la leucemia. No existe esa lista porque qué sea un caso grave depende del cuadro clínico de cada paciente. Por ejemplo, quizá un joven puede querer operarse de vegetaciones. Esa operación en principio no sería grave. Pero si resulta que ese joven antes había sido operado de un tumor cerebral del que se encuentra convaleciente, quizá esa operación sí afecte a su situación clínica, por lo que la operación de vegetaciones sí sería catalogable como un caso grave.

Por otro lado, en todos los casos en que tenga lugar el CI por representación, el profesional sanitario debe velar por que los representantes decidan siempre por el beneficio del paciente y no por el de ellos. Podría darse el caso de que, ante la decisión de tratar a un anciano ingresado grave, unos hijos opten por seguir adelante con el tratamiento y otros prefieran dejarlo morir para repartirse la herencia cuanto antes. Si no hay acuerdo entre ellos sobre la decisión a tomar, el profesional debe cerciorarse de qué postura vela mejor por los intereses del paciente, comprobando si el paciente tiene voluntades anticipadas o preguntando a los hijos por separado cuál sería la voluntad del paciente. En caso de duda, el profesional debe aplicar el principio de beneficencia y procurar la vida del paciente, evitando siempre el encarnizamiento terapéutico.

4. Privilegio terapéutico:

Cuando los datos que se tienen del paciente lo aconsejan, el médico puede ocultar, en todo o en parte, la información al paciente con el fin de evitarle un daño mayor que le supondría conocer su verdadero estado. Así, el profesional puede decidir de manera unilateral, previa consulta a la familia. No obstante, esta actuación debe ser siempre excepcional y deben fijarse en el historial del paciente las razones por las que se tomó esa decisión.

BIBLIOGRAFÍA:

FEÍTO GRANDE, Lydia. *Ética y enfermería*. Madrid: San Pablo, 2009, pp.233-56.
GARCÍA SANZ, Ma. Mercedes. "La participación del individuo". Material del *Curso de Especialista en Bioética* de la Universitat Jaume I de Castellón. Texto inédito.

TEMA 8:
LA ETICA SANITARIA
COMO ÉTICA DEL CUIDADO.

1. RELACIÓN ENTRE MEDICINA, ENFERMERÍA Y PODOLOGÍA:

1.1. INTRODUCCIÓN:

La bioética, y en concreto la ética de la atención sanitaria, ha tendido a centrarse en los problemas que afectan a la relación entre médico y paciente, ya que el médico era considerado el especialista en asuntos sanitarios. Este hecho ha dejado a la enfermera siempre en un segundo plano como acólita del médico, sin una labor específica más allá de la mera asistencia técnica y la obediencia a los dictados de aquél.

Cada una de estas profesiones ha tenido asignada tradicionalmente una función específica. Mientras, como vimos anteriormente, el médico ha tenido como tarea la prevención y cura de la enfermedad, la labor de la enfermería era la del cuidado de los enfermos. De hecho, aún hoy se piensa que curación y cuidado son labores diferentes, y que la curación posee una mayor importancia. El médico es el que te cura de la apendicitis y luego viene la enfermera y te pone el Betadine en los puntos para que no se te infecten. Lo importante es curar, y cura el que sabe de medicina, el médico, que es un experto. La enfermería, dirigida al cuidado posterior, es percibida como una labor secundaria. Esta concepción tradicional separa las funciones de medicina y enfermería y establece entre ellas una relación asimétrica y jerárquica.

Pero esta relación establecida entre medicina y enfermería es errónea, por tres motivos:

1- La curación y el cuidado no son independientes, sino que guardan una estrecha relación. La curación no es posible sin recibir los cuidados necesarios y también el cuidado es ya en sí mismo una forma de curación. Así, por ejemplo, de las heridas decimos que "se curan", no que "se cuidan", y las profesionales encargadas de la curación de las heridas son las enfermeras. Recordemos también que una de las metas de la medicina era el cuidado de los que no pueden ser curados.

2- Esta simbiosis entre curación y cuidado elimina la relación asimétrica y hace que ambas estén al mismo nivel.

3- Dentro de esa relación simétrica, medicina y enfermería son dos profesiones autónomas, teniendo cada una de ellas su bien interno propio. Así, mientras el bien interno de la medicina era la prevención y curación de la enfermedad, el bien interno de la enfermería es el cuidado con calidad.

Por tanto, la enfermería constituye una profesión con una función propia en igualdad de condiciones que la del médico sin que deba considerarse como subordinada a la de éste. En este tema vamos a abordar en profundidad esta labor propia de la enfermería. Por ello, comenzaremos repasando cuál ha sido el desarrollo histórico de la profesión de la enfermería

1.2. HISTORIA DE LA ENFERMERÍA:

1.2.1. ETAPAS:

Etapa 1: Antigüedad:

La cultura clásica exaltaba la belleza, el vigor y la fuerza. De hecho, la palabra "virtud", como la excelencia del carácter de las personas, proviene de *vir*, que representaba el vigor o valor masculino, la fuerza y el ímpetu. Por ese motivo, en los pueblos antiguos, como Grecia o Roma, los enfermos, pobres o desvalidos, y en general las víctimas, sufrían una completa desconsideración y desprecio social. Se les consideraba culpables de su situación. En consecuencia, no había ninguna institución dedicada al cuidado de los enfermos. Su atención quedaba a cargo de sus propios familiares. En particular, el cuidado de los enfermos, ancianos y niños quedaba en manos de la mujer en la casa.

En este contexto de las sociedades antiguas, las mujeres no recibían ningún reconocimiento social por su labor. Esto es debido a que, en las sociedades antiguas como Roma o Grecia, la mujer ocupaba un papel social secundario, delimitado al cuidado de la casa. No tenía derechos de participación política. En este sentido, los reconocimientos públicos en las sociedades antiguas se brindaban a los hombres, en concreto a los militares y políticos, por sus gestas. De ahí proviene, por ejemplo, la palabra "ovación". Esta palabra proviene del latín *ovatio*, que era una ceremonia que se celebraba en Roma cuando los generales volvían exitosos de una batalla. En la *ovatio* se sacrificaba una oveja (*oves* en latín) en agradecimiento a los dioses. De ahí deriva el término "ovación" como aplauso entusiasta que la multitud ofrece a alguien (líder político, artista, deportista) por su éxito o actuación.

Frente a este desprecio de las sociedades griega y romana a los enfermos y desvalidos, un primer paso al reconocimiento de estos colectivos en la Antigüedad tuvo lugar con la aparición del cristianismo (y ya en la tradición hebrea). Para el cristianismo, el cuidado de los enfermos y los necesitados cobra un valor moral. Buena muestra de ello es la parábola del buen samaritano.[6] El cristianismo también fomenta el valor de la caridad, entendida como la ayuda a los desfavorecidos, especialmente pobres y enfermos. Ese reconocimiento del cuidado como un valor moral impulsó, ya en la época cristiana, la creación de instituciones encargadas de llevar a cabo esa labor: los hospitales. Por tanto, la institucionalización del cuidado tiene, en el fondo, una base ética.

Los hospitales eran originariamente donde recibían atención los pobres, los que no tenían nada, ya que los ricos eran atendidos en su casa por médicos y criados. En cambio, hoy los hospitales son el lugar donde van a morir todos, ricos y pobres. Es este ámbito institucional (y no el familiar) en el que se enmarcará la labor del cuidado dentro de la ética de la enfermería.

Etapa 2: Edad Media:

La labor de la enfermería comienza a constituirse como tal en la Edad Media con las órdenes monásticas. Estas congregaciones religiosas establecieron las primeras normas que rigieron el cuidado de los enfermos y los principios de la enfermería. Estas órdenes incorporaban no sólo a religiosos sino también a laicos. Esta labor de la enfermería será especialmente valorada en los momentos de epidemias o, por ejemplo, la realizada por las órdenes militares para el cuidado de los heridos en las Cruzadas. También el cuidado de los pies de los peregrinos en las hospederías del Camino de Santiago marcará el inicio de la podología como profesión.

Esta ligazón de la enfermería con las órdenes religiosas, así como su desempeño por mujeres, hace que durante un largo periodo de tiempo la enfermería se configure como una tarea vocacionada y subordinada al papel del médico. Esto es importante, ya

---

[6] Lc.10:25-37.

que la vocación implica una entrega a la profesión y un olvido de sí mismo, algo especialmente evidente en el caso de oficios realizados por mujeres. Así, las actitudes que se consideran propias de la enfermería durante este periodo sean la subordinación, la caridad, la abnegación, la compasión por el débil, el autosacrificio y la renuncia.

Etapa 3: s. XVI:

A partir del s.XVI tienen lugar algunos cambios en la labor de la enfermería. Los hospitales, en Europa e Hispanoamérica, se desarrollan notablemente. En ellos las labores del médico y la enfermera se especifican. Mientras los médicos realizan una labor terapéutica dirigida a la cura, la enfermería se dedica al cuidado de los enfermos. Aparecen reglamentos en hospitales que delimitan las funciones, competencias y jerarquías.

Etapa 4: ss. XVIII-XIX:

Pero será en los s.XVIII y XIX cuando tengan lugar los cambios más importantes de la mano de los grandes avances científicos que provocarán unos tratamientos más especializados que requieren a su vez una mayor cualificación de los profesionales.

Etapa 5: s. XX:

Esta necesidad de una mayor cualificación se agudizará ya entrado el s.XX. Los continuos avances científicos requieren de una mayor formación de las enfermeras, lo que les aporta una mayor competencia técnica. También los movimientos feministas pondrán en cuestión los esquemas tradicionales de subordinación de la mujer al varón y en concreto, de la enfermera al médico.

En este sentido, entrado el siglo XX aparecen las Escuelas de Enfermería, dirigidas a la formación y capacitación profesional de las enfermeras. Estos centros dotarán al personal de enfermería de unas competencias técnicas propias para el ejercicio de su profesión. Este reconocimiento de unas competencias profesionales propias de la enfermería, que se adquieren a través de un proceso formativo oficializado, será el elemento determinante que otorgue autonomía a la enfermería respecto a la medicina. Así se generan nuevas actitudes de la enfermería, como la competencia técnica o la autonomía.

En resumen, a lo largo de la historia el papel de las enfermeras ha estado subordinado al médico. El cambio vino con la autonomía profesional que aporta la mayor competencia técnica adquirida en las Escuelas de enfermería en el s.XX. En ese momento se pasó de un paradigma basado en la subordinación al médico a otro basado en la responsabilidad con el paciente. Es decir, la enfermería pasa de la obediencia al médico a la autonomía moral. La enfermera es reconocida como especialista en su ámbito, con unas competencias propias, y ya no obedece al médico.

De este modo, la primera obligación de la enfermera ya no es con la enfermedad, y por tanto con el médico, sino con el paciente. Se establece una relación de simetría entre la enfermera y el enfermo venciendo la subordinación que imponía a la enfermera el médico. Así también la enfermera deja de ser un subordinado sin capacidad de juicio. Al ser un agente autónomo está en disposición de elegir sus acciones y justificarlas ante el paciente. Es más, dada su competencia técnica, puede poner en cuestión las órdenes del médico cuando considere que pueden perjudicar al paciente.

1.3. HISTORIA DE LA PODOLOGÍA:

De modo análogo, la Podología experimentó un proceso similar de autonomía respecto de la Medicina y de la Enfermería. Ya en 1861 en España se regula por primera vez el Título de Practicante, que habilita tanto para operaciones de cirugía como de callista, aunque dentro de la especialidad de Medicina. En 1923 se crea el Real Colegio Oficial de Practicantes en Medicina y Cirugía. Años más tarde, en 1943 se crea el título de Ayudante Técnico Sanitario (ATS), que incluía a matronas, practicantes y enfermeras como una clase profesional y que tenía su Escuela Universitaria y Colegio Profesional propios. Así, la profesión de la podología pasó de estar ligada a la medicina a estarlo a la enfermería. Fue a partir del Decreto 272/1962 cuando la Podología aparece nombrada oficialmente y se establece como una especialidad dentro del título universitario de ATS, sustituyendo al peyorativo término de "callista". Las funciones del podólogo eran el tratamiento a las afecciones y deformidades de los pies, particularmente la cirugía menor. Pero, sobre todo, este decreto reconocía la plena autonomía del podólogo en el tratamiento de los pacientes.

En 1977 las Escuelas de ATS se convierten en Escuelas de Enfermería, en las que se expide el título de Diplomado de Enfermería. Fue ya en 1988 cuando se estableció el título de Diplomado en Podología con sus correspondientes planes de estudio. Con el nuevo EEES, conocido como Plan Bolonia, el título de Diplomado en Podología se convierte en Grado en Podología.

Así pues, podemos comprobar cómo la Podología fue adquiriendo una autonomía profesional respecto de la Medicina, primero, y de la Enfermería, después, gracias a su especialización técnica, al igual que previamente hizo la Enfermería respecto de la Medicina. Porque es la especialización en el tratamiento de enfermedades y dolencias, que requieren de un mayor tratamiento técnico, la que aporta autonomía profesional respecto de áreas afines.

2. PROFESIONES Y OFICIOS:

Esta progresiva adquisición de autonomía de la Enfermería y la Podología en el ejercicio de su profesión saca a la luz el problema de hasta qué punto podemos considerar hoy a la Enfermería y Podología unas profesiones autónomas de la Medicina. Esta cuestión puede enfocarse desde una cuestión netamente técnica: la distinción establecida entre profesión liberal y oficio (o trabajo). Esta distinción nos dará la clave de esa distinta cualificación que se da a la medicina respecto de la enfermería y la podología.

Las profesiones suelen dividirse en dos grupos: las superiores y las inferiores. Las superiores son las asociadas al intelecto y las inferiores se asocian a trabajos manuales (los oficios). Así, tradicionalmente la medicina se ha considerado una profesión superior, mientras que la enfermería y la podología se han considerado profesiones inferiores, más próximas a los oficios, al considerarlas subordinadas jerárquicamente al médico y porque se asocian a trabajos manuales (practicar curas, poner inyecciones o quitar callos). Para determinar en qué medida esta concepción se puede cuestionar debemos, como digo, abordar la distinción entre profesiones liberales y oficios.

Todos somos conscientes de la mayor valoración social que poseen las profesiones frente a los oficios. No en vano, la profesión liberal es sinónima de reconocimiento social, prestigio y gran capacitación técnica, algo que no se atribuye al resto de trabajadores. Un médico o abogado tiene mayor reconocimiento social que un albañil o un camarero, por ejemplo, ya que se reconoce que para ser médico o abogado se requiere superar un duro proceso de capacitación técnica, algo que no sucede con los oficios, para cuya capacitación se requiere la mera práctica.

De ahí que en la actualidad múltiples oficios, que se consideran estigmatizados socialmente, quieran convertirse en profesiones. Y para ello recurren, no casualmente, a procesos de cualificación técnica. Así, por ejemplo, se requieren títulos de FP para ser albañil o reponedor de supermercado. También se emplean tecnicismos del tipo "técnico de recogida de residuos" para no decir "barrendero" o "basurero". Como si ejercer estas profesiones fuera algo vergonzante, mientras decir que se es "técnico de recogida de residuos" diera más prestigio a la persona.

Pensemos si no en lo orgullosas que están las abuelas cuando presumen delante de sus amigas que sus nietas son enfermeras y lo tristes que se quedan las que tienen a sus nietos de camareros o cajeros de Mercadona ¡cuando incluso han estudiado carreras como Humanidades o Filosofía! Porque las personas, por un sesgo aporófobo, tienden a presumir de lo que les da prestigio y tienden a ocultar lo que les resta prestigio, aunque sea el digno trabajo de su nieto. Como vimos en el Tema 5, la aporofobia consiste en el rechazo al pobre, que puede ser el inmigrante que llega en patera o el mendigo de la calle, pero también un familiar arruinado o un hijo con un trabajo poco cualificado, del que es mejor no hablar ante los amigos, justo por su situación de pobreza o de poco éxito profesional.

Esto desgraciadamente, lleva a confundir a veces mayor prestigio social con mayor dignidad, y sólo pensamos que son dignas las profesiones. En cambio, los oficios se ven como secundarios. Por eso es importante antes que nada desterrar esta asimilación entre prestigio social y dignidad y comprender que todas las actividades profesionales son dignas, con independencia de la cualificación que requieran. Todas las actividades son dignas porque todas realizan a la persona y todas son necesarias.

Por ese motivo, dejando a un lado su igual dignidad, que es la misma en ambos casos, podemos decir que las profesiones liberales y los oficios se distinguen por dos elementos fundamentales:

1) Las profesiones liberales requieren una mayor cualificación académica que los oficios.

2) Las profesiones no persiguen el interés económico sino el servicio a la comunidad, mientras que los oficios se hacen para ganar dinero o por un interés personal. Es decir, las profesiones no se ejercen por dinero, sino por vocación. En cambio, alguien ejerce un oficio porque le permite ganar más dinero, le da facilidades para conciliar o porque le pilla cerca de casa. Así, por ejemplo, un guardia de seguridad de polígono si encuentra un trabajo de cajero de supermercado en su barrio y en el que le pagan más, se va. También puede ser que a un camarero, albañil o pastor le guste su trabajo, y no quiera cambiarse a otro. De hecho, lo ideal es que todos los profesionales amen su profesión. La diferencia con las profesiones liberales está en que un abogado, un médico o profesor, al elegir estudiar la carrera, la eligen ya con una vocación de servicio a la comunidad. Por ese motivo, aunque saben que con otra profesión ganarían más dinero, siguen con su trabajo, porque para él se han preparado concienzudamente durante cinco o seis años. De ahí que la persona no estudia medicina o derecho, comienza a ejercer y a los cinco años dice "pues ahora voy a estudiar Física". Eso no sucede porque, como digo, los profesionales, al elegir estudiar una carrera, la eligen ya con una vocación de servicio a la comunidad. Por eso la vocación sólo es un criterio definitorio de las profesiones liberales y no de los oficios. En los oficios se puede tener vocación o no, y en cualquiera de los casos, puede hacer bien el trabajo, aunque no se tenga vocación. En cambio, un profesional liberal que no tenga vocación de servicio, no será un buen profesional, como paso a mostrar a continuación y como se verá más detalladamente en el tema siguiente.

3. RASGOS DE LAS PROFESIONES LIBERALES:

A partir de esta distinción, podemos fijar unos rasgos característicos de las profesiones liberales. El cumplimiento de todos ellos nos indica que una actividad es propiamente una profesión, aunque ciertamente algunas actividades no los cumplen todos. Que se cumplan más o menos criterios nos indicará que esa actividad es en mayor o menor grado una profesión. Empezaremos por el rasgo ético y después analizaremos los elementos técnicos y legales.

1- Vocación.

Este es el rasgo más importante. Porque quien no tiene vocación nunca podrá ser un buen profesional. El término "vocación" posee un origen religioso que ha llegado a nuestros días. Por esa razón hemos de remitirnos al sentido religioso para comprender mejor lo que implica la vocación en el ámbito profesional. El término "vocación" procede del latín *vocatio*, que significa "llamada" y se aplicaba originalmente a las vocaciones religiosas, aquellos jóvenes que habían sido llamados a recibir las órdenes sagradas. Por eso en la actualidad se dice "no hay vocaciones" para indicar que hay pocos seminaristas.

Pues bien, fue Lutero quien trasladó ese sentido religioso de la vocación al ámbito secular de las profesiones. No en vano, la palabra "profesión" en alemán es: *das Beruf*. Procede del vocablo *die Ruf* que significa llamada. De la palabra *Ruf* provienen verbos en alemán como *rufen* (llamar) o *anrufen* (llamar por teléfono).

Beruf significaba originalmente "vocación" (recogiendo ese sentido latino de "llamada") y Lutero la tradujo por "profesión". Por ese motivo, la profesión incorpora el sentido de vocación religiosa: para Lutero Dios ponía a cada cual en su trabajo. Dicho de otra forma, cada persona se ve llamada por Dios a ocupar una profesión (ya fuera profesión liberal u oficio). De la misma manera que llamaba a las personas para ser monja o sacerdote, las llamaba para ser médicos, abogados, barrenderos o fontaneros.

Pero si el ejercicio de las profesiones y oficios era fruto de una llamada divina, eso arroja como consecuencia que: *a)* los trabajos había que desarrollarlos de una forma íntegra porque el trabajo era el modo como servir a Dios, y *b)* todas las profesiones (liberales o no) tenían la misma dignidad ante Dios; dicho de otro modo, no hay profesiones de primera y de segunda.

Por ese motivo hoy las profesiones liberales incorporan rasgos de la vocación religiosa, aunque en un sentido secular:

a) La vocación es una llamada. Uno no se hace enfermero, profesor o abogado porque quiere, sino porque desde joven siente una llamada a serlo y no cambiarían ese trabajo por otro. En cambio, quien no tiene vocación para un oficio, trabaja de lo que quiere y si encuentra un trabajo mejor pagado o con mejores condiciones, se cambia.

b) Abnegación y renuncia: Un buen médico es el que tenía que salir a las 13h. pero se queda en la consulta hasta las 13:40 porque ha dedicado a los pacientes el tiempo necesario para atenderlos y no los cinco minutos reglamentarios. O la buena enfermera es aquella que se preocupa de decirle a los familiares cómo ha transcurrido la operación antes de irse a la salita a descansar. O la que, además de cuidar a los enfermos de urgencias, se preocupa de informar a los familiares sobre el estado del enfermo. Así, el buen profesional sanitario renuncia a su tiempo personal para dárselo a sus pacientes; o también asume tareas que nadie le exige y por las que no va a cobrar (por ejemplo, consolar a los enfermos en el hospital en momentos de necesidad). En cambio, cuando en la empresa el jefe te dice que te quedes una hora más para hacer inventario, te sienta fatal. Esa es la diferencia. Renunciar a tu tiempo para dárselo a otros gratis sólo se puede hacer con agrado si tienes vocación. Si lo haces por miedo a que te despida el jefe, eso ya no es vocación.

Pero la idea de abnegación profesional va más allá del mero sacrificio personal en la práctica diaria fruto del autoconvencimiento. Más bien este sacrificio es consecuencia de otro mucho mayor que todos tenemos asumido y del que puede que ni os hayáis dado cuenta. La sociedad capitalista ha inoculado en los individuos una actitud de sacrificio por la cual el sujeto llega a asumir como normal que debe anteponer su trabajo (incluyendo también sus años dedicados a la capacitación profesional) a su vida personal y familiar. Por ejemplo, todos asumimos que debemos dedicar unos años de nuestra vida a capacitarnos profesionalmente y después a conseguir un trabajo. Sólo cuando se cumplen ambos objetivos las personas ya piensan seriamente en buscar una pareja y formar una familia. Es decir, las personas renuncian a su vida personal y familiar y anteponen su formación profesional y el logro de un empleo. Pues bien: La vocación consiste precisamente en la actitud que adquieren las personas de aceptar ese sacrificio como algo normal. Sacrifican su vida familiar por su trabajo y lo hacen de una forma voluntaria, sin verse forzados.

Pensad también cuántos de vuestros compañeros de Facultad están casados y tienen hijos. Vosotras estáis renunciando a vuestra vida personal por terminar unos estudios, opositar y encontrar un empleo. Esto es ya una forma de abnegación y puede que muchas de vosotras ni siquiera os hayáis dado cuenta. En cambio, seguro que mucha gente que conozcáis que se dedica a oficios ya tienen una pareja, hijos y un piso.

Dicho de otro modo, la sociedad capitalista hace que las personas asimilen su profesión como un proyecto al que deben entregar su vida por completo, renunciando a su vida personal y familiar, igual que el sacerdote entiende su trabajo como una misión a la que entrega su vida renunciando a tener una familia. Quien entra a la Universidad se está embarcando en una misión a la que supedita todo lo demás. Pero esa misión no acaba con el logro del empleo. Eso es lo que entendería un mal profesional. El buen profesional es el que entiende que a la misión profesional se debe dedicar la vida entera. Porque esa misión implica asumir diariamente unos sacrificios personales por el bien de los pacientes, por ejemplo. Pero la profesión no implica sólo una actitud de sacrificio. Tiene que ver también con la ética profesional.

c) Ética profesional. El profesional debe realizar su profesión de una forma íntegra. Para ello debe entender su profesión como una misión a la que se entrega y a la que se va a dedicar el resto de su vida. Es decir, el profesional debe asumir que el objetivo principal de su labor es cumplir con el bien interno de su profesión. Por ejemplo, en el caso de las enfermeras/os, han de entender que el objetivo principal de su trabajo es el de dotar a sus pacientes de cuidados con calidad. Cualquier otro objetivo (bien externo) que tenga al realizar su profesión, debe estar subordinado a él.

En este sentido, buscar el bien interno representa una exigencia ética que la enfermera y el podólogo deben interiorizar en el ejercicio de su profesión. Por ese motivo, la profesión no se puede ejercer de cualquier manera, sino de una forma íntegra. Para ello el profesional debe asumir como propios sus deberes profesionales. El buen profesional entiende, por ejemplo, que el deber de dedicar parte de su tiempo libre a los demás es un deber consigo mismo. Porque sólo asimilando los deberes profesionales como propios podrá actuar siempre rectamente. En cambio, quien ve los deberes profesionales como algo externo a él, como algo que se cumple sólo para ganar un dinero pero que no le incumbe personalmente, se estará guiando por un bien externo y faltará a su ética profesional tarde o temprano. Por ese motivo, a la profesión no se la puede separar de su vertiente ética que representa la vocación. Si no, nunca se será un buen profesional.

Una vez expuesta la dimensión ética, seguidamente abordaremos los aspectos técnicos de las profesiones liberales:

2- Una profesión es una actividad social mediante la que se presta un cierto servicio a la comunidad de forma institucionalizada. Ese servicio ha de ser:

a) Único: esto significa que sólo los profesionales pueden ejercerlo, porque son los únicos formados en las competencias de esa profesión. Esto dará pie al rechazo al intrusismo.

b) Con prestaciones claramente definidas, que la sociedad conozca y pueda exigir. Este rasgo es clave. En primer lugar, porque nos ayuda a comprobar qué actividades son o no una profesión. Por ejemplo, si filólogo o filósofo son profesiones. ¿Cuáles son las funciones de un filósofo que demanda la sociedad? ¿y las de un licenciado en humanidades? Quizá alguien responda que la prestación de un filósofo es "pensar". Pero esa no es una prestación claramente definida (pues nadie repara en ella) ni es exigida por la sociedad. Por ese motivo, filósofo no se puede considerar una profesión.

Pero también, aunque una profesión tenga ya unas funciones asignadas, es necesario que esas funciones estén *claramente definidas*. Ello es fundamental para establecer las competencias que tiene asignadas cada profesional. Por ejemplo, ¿las prestaciones del podólogo y del médico de familia están delimitadas? ¿y las del dentista y las del médico de familia? Para comprobarlo basta observar dónde va la gente cuando tiene un callo en el pie, ¿al podólogo o al médico de cabecera? Pero cuando le duele una muela, ¿dónde va? ¿duda si ir al médico o va directamente al dentista? Va directamente al dentista porque el dentista tiene unas prestaciones claramente definidas, pero el podólogo no.

La claridad de las prestaciones también resulta clave para evitar el intrusismo. ¿Son iguales las prestaciones de la enfermera y las del auxiliar de enfermería? ¿y las de una enfermera y las de una doula? La pregunta no es si lo saben los profesionales, sino si la sociedad lo tiene claro. Si la gente no distingue entre las prestaciones de una enfermera y las de una doula, las doulas desplazarán del mercado a las enfermeras matronas. Por tanto, definir bien las prestaciones es fundamental para evitar el intrusismo.

Además, cuanta mayor confusión haya entre las funciones de la enfermería y las de los auxiliares de enfermería en la sociedad, menor grado tendrá la enfermería como profesión. Si la gente no distingue entre enfermera y auxiliar de enfermería, la enfermera siempre será vista como una auxiliar del médico, y por tanto será una profesión en grado menor. Por ejemplo, los pacientes del hospital piden sábanas a las enfermeras, ya que desconocen que esa es una competencia de los auxiliares o celadores. Esto lo hacen porque no saben distinguir las competencias de ambos colectivos. En cambio, a ningún paciente se le ocurriría pedirle sábanas al médico.

Ahora bien, definir claramente las prestaciones dentro de una profesión a veces es complicado, ya que se producen solapamientos entre profesiones. Esto es frecuente precisamente en el caso de la Enfermería y la Podología, la Podología y la Ortopedia, o la Podología y Trauma. ¿Prescribir unas plantillas es competencia de Podología o de Ortopedia? ¿tratar un pie chafado por un accidente, es competencia de Podología o de Trauma? ¿desbridar úlceras en los pies es competencia de Podología o de Enfermería? En todos estos casos, aunque las competencias puedan estar definidas, un factor decisivo es el papel de la medicina de familia. Cuando el paciente va al médico con uno de esos problemas, el médico tenderá a derivarlo a otro profesional dentro de la sanidad pública, no por un interés gremial, sino para evitar llevarlo a lo privado, que es de pago. Esto se puede hacer de buena fe, pero perjudica claramente a la Podología, que está fuera de la cartera pública de servicios.

c) La profesión es una actividad indispensable, algo que la sociedad necesita. ¿Se necesitan médicos? ¿y enfermeras? ¿y filósofos? ¿y doulas? En una sociedad capitalista las necesidades son creadas artificialmente. Por tanto, cualquier cosa que la sociedad siente como necesario puede acabar siendo una profesión. Y al revés, aquello que la sociedad no necesita no será considerado una profesión. Ahora bien, la necesidad social es un criterio necesario, pero no suficiente, para definir una profesión. Se requiere además otros elementos.

3- Se accede al ejercicio de la profesión a través de un largo proceso de capacitación teórica y práctica. Un profesional es aquella persona debidamente capacitada en unas competencias para poder ofrecer un servicio a la sociedad. Esa capacitación profesional se adquiere a través de unos estudios reglados; esto es, reconocidos social y legalmente. Superar ese proceso de estudios reglados otorga al profesional una titulación para poder ejercer.

4- Las personas que ejercen la profesión son los profesionales. Con el ejercicio estable de su profesión obtienen su medio de vida y se consideran entre sí como colegas. Los profesionales tienen su profesión como medio de vida. Además, mantienen una relación entre sí y comparten sus conocimientos. Ese intercambio de conocimientos se realiza en Congresos científicos o a través de las publicaciones científicas. Pensemos, por ejemplo, en los avances científicos producidos en tiempo récord para conocer la naturaleza del coronavirus, sus modos de contagio y, después, el desarrollo de las vacunas. Todo ello ha sido posible porque los científicos han compartido sus conocimientos en revistas científicas que ya todos conocemos: *The Lancet, Nature...* Así también, si un profesional descubre un nuevo medicamento contra el cáncer, registra la patente y pone el medicamento al abasto de la comunidad científica. Porque el bien interno de su profesión es la salud de los pacientes y ello debe primar sobre el interés personal del lucro (un bien externo). Por el contrario, quien vende supuestos medicamentos milagrosos contra el SIDA por internet a 500€ el frasco, es seguramente un estafador porque se guía por un bien externo, el lucro, y no comparte sus supuestos conocimientos científicos con el resto de la comunidad de investigadores.

Por otro lado, las profesiones se caracterizan por estar reguladas por Colegios Profesionales.

Funciones generales de los colegios Profesionales:

a) Garantizar que la actividad de sus colegiados se someta, en todo caso, a las normas deontológicas de la profesión, así como velar por el adecuado nivel de calidad de las prestaciones profesionales de los colegiados, promoviendo la formación y perfeccionamiento de los mismos. Por ejemplo, el Colegio profesional debe velar por formar a los profesionales en nuevas técnicas.

b) La defensa de los intereses profesionales de los colegiados y la representación del ejercicio de la profesión. Así, deberán adoptar las medidas conducentes a evitar el intrusismo profesional y la competencia desleal.

c) Colaborar con las Administraciones públicas en el ejercicio de sus competencias. Por ejemplo, aportando peritos a instancias judiciales o realizando informes para la Administración.

d) Ejercer la potestad disciplinaria sobre los profesionales colegiados.

e) Intervenir, en vía de conciliación o arbitraje, en las cuestiones que puedan suscitarse entre los colegiados por motivos relacionados con la profesión.

Más allá de estas funciones, el mismo Colegio Profesional debería velar por que esa institución mantuviese un comportamiento ético, pues a menudo los Colegios profesionales representan focos de corrupción y corporativismo. Estas malas prácticas corrompen el espíritu de la que constituye la principal labor de los Colegios profesionales: velar por la ética profesional de los colegiados.

5- Los profesionales forman un colectivo que trata de mantener el control monopolístico sobre el ejercicio de la profesión.

Un elemento para garantizar el monopolio profesional es la exigencia de una capacitación técnica para poder ejercer como tal. Sólo las personas formadas en unas competencias pueden ejercer la profesión.

Cometen intrusismo profesional las personas que ejercen sin haber concluido los estudios, o con títulos universitarios de terceros países no convalidados oficialmente. El intrusismo es un problema grave dentro de las profesiones, ya que su consecuencia es el descrédito del conjunto de la profesión. Pensemos en el pánico que se desata cuando, de tanto en tanto, salta la noticia de que detienen a dentistas o cirujanos plásticos que operaban a precios ridículos con títulos falsos y cometen negligencias que dejan graves secuelas a sus pacientes. Estas malas prácticas generan desconfianza en la población hacia el conjunto de profesionales sanitarios. Por ese motivo, los Colegios Profesionales deben perseguir el intrusismo profesional para velar por el buen crédito del colectivo profesional.

6- Los profesionales reclaman *autonomía* en el ejercicio de su profesión.

Atienden a las demandas del público, pero son los únicos jueces de su quehacer, puesto que son expertos. Es decir, en el caso de una demanda por negligencia contra una enfermera, los peritos solicitados por el juez deben ser enfermeros, no médicos, y serán proporcionados por el Colegio de Enfermería. Y en el caso de la Podología el perito debe ser también podólogo, no médico.

7- Los profesionales son *responsables* de sus actos y técnicas de su profesión.

Los profesionales mantienen una responsabilidad civil o penal por sus actos y deben rendir cuentas por ellos.

8- Se espera que no ejerzan su profesión únicamente por afán de lucro, ya que son actividades encaminadas a favorecer a la colectividad.

La profesión es ante todo una actividad de servicio a la comunidad. Aunque realizan su profesión como medio de vida, se presupone que el profesional está guiado por el bien interno de su profesión y no por el bien externo del afán de lucro. Porque si el fin externo se antepone al bien interno, la actividad se pervierte.

La medicina cumple todos estos rasgos. Lo que no está tan claro es que los cumpla la enfermería, la podología o, fuera de la sanidad, el delineante (frente al arquitecto). Según Lydia Feito la enfermería es una profesión aún de grado inferior a la medicina al no cumplir con todos los rasgos de las profesiones. Por ejemplo, como hemos señalado, las prestaciones de la enfermería y del auxiliar de enfermería no están del todo definidas. Eso mismo se puede decir de la podología. Además, el periodo de constitución de la enfermería y de la podología como profesiones prácticamente acaba de comenzar. Tradicionalmente a la enfermería se podía dedicar cualquiera con capacidad de sacrificio y obediencia al médico y con aptitudes para el cuidado. En realidad, la enfermería y la podología sólo ganaron autonomía desde que se reconoció la necesidad de un proceso de capacitación técnica para ejercer esas labores y se crearon las Escuelas de enfermería. El caso de la Podología es aún más claro, ya que su constitución como profesión es más reciente que el de la Enfermería.

Más allá de este debate sobre el estatuto de la Enfermería y la Podología como profesiones, con lo que hemos de quedarnos es con que una profesión no es un mero ejercicio de trabajo por dinero. Toda profesión posee una dimensión moral, que es la que permite a los profesionales ser buenos profesionales.

4. LAS ACTITUDES DE LA ENFERMERÍA Y LA PODOLOGÍA:

Esta dimensión moral se refleja a través de unas actitudes que deben poseer los profesionales. En el caso de las profesiones sanitarias, como la enfermería y la podología, esas actitudes están dirigidas a proporcionar un cuidado con calidad al paciente. Esas actitudes son las siguientes:

1) Compasión por el sufrimiento de la persona cercana que depende de mí. Compasión, proviene de *cum-passio*, "padecer con" el otro. El enfermo, por definición es un ser débil y como tal debe ser reconocido por los profesionales. Por ello los profesionales, como seres humanos, no pueden permanecer indiferentes ante él. La enfermera debe ser sensible ante el sufrimiento del paciente y darle una atención solícita. Sólo así podrá darle un trato ético. Si una enfermera o podóloga no sienten compasión por el paciente, no lo podrán reconocer en su particularidad. Lo tratarán como a uno más, con indiferencia, y no hay nada que más moleste a un paciente que ver que lo tratan como a uno más. Pero si una enfermera o podóloga trata a los pacientes con indiferencia, no será buena profesional. Porque el sentimiento de solidaridad es la base del comportamiento moral. De hecho, ya vimos cómo no se puede distinguir entre razón y pasión, porque el comportamiento ético también nace del corazón.

2) *Actitud vacacionada.* Aquí lo dicho sobre la vocación en el punto 8.3.

3) *Responsabilidad moral.* Al abordar el concepto de responsabilidad debe diferenciarse entre la responsabilidad legal y la responsabilidad moral:

La *responsabilidad legal* ya fue citada en un apartado anterior, al hablar de los elementos que caracterizan las profesiones. Se la entiende habitualmente como la parcela de la que el profesional debe rendir cuentas. De ahí la expresión tan común de "esto no es de mi responsabilidad". La responsabilidad legal parte de la distinción entre ocio y negocio: Por un lado, está el negocio, las responsabilidades profesionales (parcelas de incumbencia en el trabajo), y por otro está el ocio (la vida familiar y personal). El trabajo (el negocio) se ve como una imposición externa que hay que cumplir del modo más liviano posible. La persona busca cumplir unas mínimas responsabilidades en el trabajo para ganar a cambio un dinero. La persona se guía, por tanto, por un bien externo, el dinero. Aquí se presupone una lógica del trabajo en el sentido etimológico del término: "trabajo" proviene del latín *tripalium*, que era un potro de tortura en el que los romanos torturaban a los esclavos iberos en las minas del norte de España. De *tripalium* proviene el verbo *tripaliare*, que significaba "torturar". Por eso nosotros vemos hoy el trabajo como una tortura: es una tarea onerosa que se acepta sin remedio a cambio de un dinero.

En cambio, la *responsabilidad moral* se refiere a algo diferente: es el compromiso moral, una actitud. El profesional responsable es el que hace propios los fines de la institución en la que se trabaja y no los ve como una imposición externa. Para la responsabilidad moral no hay una separación ente ocio y negocio. Por ese motivo la persona responsable es la que cumple debidamente con su labor, porque en el motor de su actuación está el cumplir con un deber profesional que asume como propio y no como una mera parcela de responsabilidad que hay que quitarse de encima lo antes posible. De ahí que se califique como "persona responsable" no meramente a aquella que cumple estrictamente con sus deberes profesionales, sino a aquella que se implica a fondo en sus tareas. La persona responsable es la que pone una actitud de compromiso en su labor.

Dicho de otro modo, la responsabilidad legal asume una lógica de echar balones fuera, es decir, asumir el mínimo de deberes posibles. En cambio, la responsabilidad moral implica asumir las responsabilidades del trabajo como propias. Por ese motivo, si no se tiene una actitud de la responsabilidad moral no se podrá ser un buen profesional. Porque quien se interesa sólo por la responsabilidad legal, en realidad está guiado por un bien externo (el dinero) y no por dar el mejor cuidado al paciente. En cambio, el profesional responsable es el que se guía por el bien interno de su profesión al hacer propios sus deberes profesionales y, en consecuencia, buscará dar lo mejor de sí mismo en su profesión. Por esa razón la persona responsable hace bien su trabajo, porque está motivada por el bien interno de su profesión.

La responsabilidad moral consiste también en responder de los compromisos morales que se asumen con el ejercicio de la profesión y que la sociedad espera del profesional (bien interno).

4) Capacidad de comunicación. El paciente no sólo busca curarse, busca también sentirse escuchado. Por ello la enfermera y la podóloga deben comunicarse activamente con el paciente. La enfermera debe proporcionar al enfermo compañía, comunicación y consuelo. La comunicación activa hará al paciente sentirse reconfortado y no como un trapo tirado en una cama. Así, es recomendable que al entrar a la habitación se llame al paciente por su nombre y se le pregunte cómo ha pasado la noche. Este acto tiene un doble impacto positivo sobre el paciente:

Por un lado, el paciente, al ver que le llaman por su nombre, se sentirá reconocido. Esto es consecuencia de un principio psicológico: cuando te llaman por tu nombre, te sientes atendido porque reconoces en el otro a alguien que te conoce en tu particularidad. Este principio es sabido desde la Antigüedad. Ya los egipcios y los pueblos semitas (como los hebreos) creían que el nombre contiene la esencia de la persona. Conocer el nombre de alguien implicaba poder dominarlo. Por eso el segundo mandamiento de la Ley de Dios en la Torá hebrea es "no tomarás el nombre de Dios en vano".[7] Incluso también hoy alguna gente pone a los niños el nombre de un predecesor, como una forma de que la esencia del predecesor permanezca en ese hijo.

Por otro lado, preguntar al paciente cómo ha pasado la noche, mientras le toma la temperatura, hace sentir al paciente que el profesional se interesa por su situación

---

[7] Ex. 20:7.

particular. Ese gesto establece una relación comunicativa que crea una relación de simetría entre la enfermera y el paciente. El paciente se siente como alguien reconocido y no como un trapo tirado en la cama. Como un trapo es precisamente como se siente el paciente cuando la enfermera entra sin decir nada, le toma la temperatura y se va. Por eso es tan importante establecer una relación de comunicación con el paciente, porque de esta forma se reconoce al paciente como interlocutor válido, como sujeto autónomo, según el principio de Autonomía.

De la misma forma, en la clínica podológica, es recomendable que el podólogo se fije en el nombre de los pacientes y revise sus historiales antes de llamarlos a la consulta. Así el paciente puede sentir que el podólogo está al corriente de su situación clínica.

5) *Capacidad para promover que los pacientes se vayan haciendo en lo posible dueños de sí mismos y no se encuentren siempre en situación de dependencia.* Se deriva de lo anterior. Hay que animar y promover que los pacientes, dentro de sus posibilidades, colaboren en su rehabilitación. Hacer a los pacientes sujetos protagonistas de su recuperación les ayudará a reforzar su autoestima y acelerará su mejoramiento en el hospital.

En podología, promover el protagonismo del paciente en su recuperación se puede hacer, por ejemplo, animando al paciente a tener un rol activo en los procesos de rehabilitación: que trate de repetir los ejercicios podológicos por sí solo, bajo la supervisión del profesional. Para ello, se requiere una gran capacidad de comunicación, ya que hay que animar constantemente al paciente: "vamos, ahora tu solo, ¡venga!".

Pero lo importante aquí es que esta promoción de la autonomía del paciente en su recuperación no sólo es un deber del profesional, sino que incluso desde un punto de vista egoísta, es lo más inteligente. Decía Kant en *Sobre la paz perpetua* que, hasta un pueblo de demonios, si todos fueran mínimamente inteligentes, querrían que imperara el Estado de derecho. En otras palabras: hasta un pueblo lleno de gente malvada (ladrones, asesinos…), si todos fueran mínimamente inteligentes, querrían que se cumpliera la ley. Sólo los tontos querrían que imperara el desorden para así poder delinquir. En cambio, los listos querrán que impere el Estado de derecho, porque saben que sin ley cualquiera les podría robar o matar a ellos.

Pues en enfermería y podología sucede algo análogo. Hasta el profesional más vago, si fuera mínimamente inteligente, sabría que le conviene promover el protagonismo del paciente en su recuperación, ya que ello facilitará que se recupere antes y así podrá quitárselo antes de encima. En cambio, si es tonto, no promoverá la autonomía del paciente en su rehabilitación. Pero de este modo su recuperación será más lenta, tendrá que dedicar más días a ese paciente y, por tanto, tendrá que trabajar más que si promoviera el protagonismo del paciente en su recuperación. Por eso promover el protagonismo del paciente en su recuperación no sólo es la conducta moralmente ética, sino incluso la más inteligente desde el punto de vista egoísta.

6) *Competencia técnica.* La competencia técnica no la otorga la mera posesión de un título académico. La competencia técnica, como actitud, consiste en la aspiración a la excelencia en el ejercicio de las habilidades propias de la profesión. Porque si no se tiene una actitud dirigida a la aspiración constante a la excelencia, no se podrá lograr la competencia técnica.

Esta aspiración a la excelencia incluye también la actitud dirigida a la formación continua. No vale con ganar la plaza y echarse a dormir. El buen profesional debe actualizar constantemente sus conocimientos, y de un modo especial en el ámbito sanitario, conociendo las nuevas técnicas dirigidas al cuidado. Para que esto sea posible se requiere que el profesional tenga una disposición a la formación continua.

7) *Autoestima.* El profesional necesita amor propio, confiar en las propias posibilidades. Ahora bien, como seres sociales, los humanos se valoran a sí mismos en función del reconocimiento que reciben de los demás. Las personas necesitan recibir el aprecio y la estima de los otros. Por ese motivo, la estima de uno mismo, la autoestima, depende de la estima que recibe de los demás. Esto explica que, en el ámbito sanitario, la autoestima de los profesionales se refuerce gracias al reconocimiento que los demás hacen de su trabajo bien hecho, como cuando los pacientes y sus familiares felicitan a los profesionales por su labor.

En este sentido, la Enfermería y la Podología se pueden definir como:

"*La totalidad de técnicas y actitudes que se aplican en un contexto de una particular relación de cuidado, con la intención de proporcionar un cuidado de calidad*". La enfermería y Podología no son una mera técnica que aprendéis aquí en la Universidad y que os sirve para ganaros la vida. Ambas profesiones incorporan también valores en su ejercicio. Del mismo modo, el cuidado, por tanto, no es sólo la acción que realiza la enfermera y la podóloga en su trabajo, sino además la meta que persigue.

5. LA ÉTICA DEL CUIDADO Y LA ÉTICA DE LA JUSTICIA:

La reflexión ética sobre el cuidado ha tenido lugar desde los años 80, sobre todo desde la conocida como ética del cuidado. Esta es una corriente filosófica próxima a la teoría comunitarista. La teoría comunitarista surgió por oposición al liberalismo.

El liberalismo es una teoría política que concibe al sujeto como un individuo autónomo que elige libremente sus roles sociales y otros aspectos de su identidad: la persona elige su oficio, su religión, su pareja, etc… y cuando quiera puede cambiarlos y su identidad será la misma, es decir, seguirá siendo la misma persona. Por ejemplo, una persona puede ser cristiana y años después perder la fe y hacerse atea, pero seguiría siendo la misma persona, su identidad no cambiaría.

Del mismo modo, el liberalismo evalúa moralmente la realidad desde la imparcialidad total, a partir de unos principios generales que aplica a todas personas por igual con independencia de las circunstancias. El liberalismo piensa moralmente desde una terminología jurídica de derechos y deberes. Las personas tienen unos derechos inalienables a la vida, la libertad o la propiedad, y la violación de esos derechos se concebirá como inmoral.

Finalmente, en el liberalismo la evaluación moral se hace desde una racionalidad fría que, como he señalado, no atiende a las circunstancias ni a los sentimientos. De hecho, el liberalismo piensa que la entrada de los sentimientos merma la objetividad del juicio. Por ejemplo, pensamos que alguien alterado o airado no puede juzgar moralmente de forma objetiva. Y tampoco puede juzgar de forma objetiva quien tiene que evaluar moralmente el comportamiento de alguien cercano, como un familiar. En definitiva, para ser objetivo, las emociones deben quedarse a un lado.

Por su parte, el comunitarismo critica cada uno de estos pilares del liberalismo:

Para empezar, el comunitarismo defiende que la identidad personal no puede desligarse del papel del sujeto en la sociedad como padre, hijo, marido, profesional, creyente, etc… Por ejemplo, nuestra identidad cuando somos jóvenes no es la misma que cuando somos padres. Cuando eres joven quieres llegar tarde de fiesta y pasártelo bien. Cuando eres padre o madre te preocupa que tu hijo o hija llegue tarde y padeces por si le ha pasado algo. Eres la misma persona, sí, pero tu identidad no es la misma. Ahora tienes prioridades y preocupaciones distintas.

Así también, nosotros tampoco elegimos nuestra identidad de forma puramente subjetiva. Por ejemplo, nosotros elegimos pareja no por un mero capricho personal, sino porque sentimos una atracción hacia esa persona que nos lleva a amarla. Del mismo modo, las personas no cambian de religión porque quieren, sino porque descubren una religión que tiene un valor superior que la anterior; o dejan de tener una religión porque la religión que profesaban deja de tener un valor para esas personas. Y desde luego, cuando alguien cambia de religión o de pareja, aunque sigue siendo la misma persona, su identidad ha cambiado, porque ha cambiado su esquema de valores.

Es más, para los comunitaristas tampoco somos nosotros los que elegimos nuestra identidad, sino que, al contrario, nuestra identidad se forma por el reconocimiento que los demás hacen de nosotros. Por ejemplo, la marginación que tradicionalmente han sufrido ciertos grupos por parte de la sociedad, como los discapacitados o los homosexuales, ha provocado que esos grupos hayan sentido dañada su identidad. Por ese motivo, esos grupos han reclamado un reconocimiento de su identidad por parte de la sociedad para tener rampas de acceso en los centros públicos o para poder legalizar sus relaciones de pareja en la misma manera que las heterosexuales. Cuando hoy todo esto se ha conseguido ha sido por la lucha de esos grupos que no han sentido reconocida su identidad en la sociedad. Este hecho prueba que nosotros no elegimos nuestra identidad, sino que, al contrario, nuestra identidad se forma por el reconocimiento que la sociedad hace de nosotros. Dicho de otro modo, los sujetos forman su identidad en diálogo (o en lucha) con la sociedad que le rodea.

En segundo lugar, frente al liberalismo que evalúa moralmente desde una imparcialidad abstraída de la realidad concreta y desde unos principios generales, el comunitarismo atiende a las circunstancias particulares y a los elementos que hay presentes en cada caso para adoptar una decisión.

Finalmente, frente a la racionalidad fría liberal, el comunitarismo incide en la importancia que los sentimientos y emociones tienen en nuestra toma de decisiones, como la compasión. De hecho, recordemos cómo la oposición entre razón y emoción es falsa. Como se pone de manifiesto con el juego del ultimátum, no podemos juzgar moralmente abstrayéndonos de las circunstancias particulares y sin atender a las emociones. Son muchas veces las emociones, y no la razón sesuda, las que nos revelan territorios de injusticia.

La ética del cuidado ha sido desarrollada sobre todo por una autora, Carol Gilligan. Esta autora elabora su teoría como respuesta a la teoría psicológica cognitivista de Kohlberg, quien fuera su profesor.

Para Kohlberg todos los sujetos, con independencia de su sexo, raza o cultura, pasaban por una serie de niveles universales en la formación de sus juicios morales:

a) Nivel preconvencional: los juicios de los niños pequeños (0-9 años) son egocéntricos y basados en su bienestar. Lo bueno es lo que le causa placer y malo lo que le causa dolor. Por eso los niños cuando se golpean con una mesa, le pegan patadas diciendo "mesa mala".

b) Nivel convencional: los juicios de la infancia y los preadolescentes (10-16) son convencionales. Lo bueno es lo que se ajusta a las normas aprendidas en la escuela, en casa, en la iglesia…, y lo malo es lo que contradice las normas sociales.

c) Nivel posconvencional: los jóvenes y adultos (17-) juzgan moralmente desde unos principios universales independientes de las convenciones sociales. Así, pueden juzgar que ciertas costumbres aprendidas no son éticas. Por ejemplo, el hijo de sicarios comprende que vivir de matar a gente no es ético.

Gilligan reaccionó frente a este enfoque universalista señalando un fallo metodológico fundamental cometido por Kohlberg: él había empleado en sus ensayos sólo a niños y no a niñas. Además, Kohlberg analiza a individuos de democracias liberales y no de otras culturas. En este sentido, señala Gilligan que el desarrollo psicológico de hombres y mujeres es diferente y que el modelo apuntado por Kohlberg puede ser aplicado a los varones, pero no a las mujeres.

Efectivamente, Gilligan concluye que, de manera general, los hombres resuelven los problemas éticos de acuerdo al modelo del Nivel posconvencional de Kohlberg: recurriendo a principios universales imparciales y abstractos, empleando una terminología legalista (por ejemplo, hablando de derechos) y actuando de una forma desapasionada. En cambio, Gilligan afirma que las mujeres actúan de forma diferente, más atenta a las circunstancias particulares del caso, los detalles, las necesidades concretas, los cuidados, la prevención de los daños posibles, las relaciones establecidas, y dando una mayor importancia a los sentimientos y a la compasión.

Así, por ejemplo, Gilligan, experimentando con un conocido dilema de Kohlberg, encontraba diferentes respuestas en niños y en niñas. El dilema es este:

"Heinz tiene a su mujer enferma y la única medicina que la puede salvar la tiene el farmacéutico del pueblo. Heinz es pobre y no puede pagar la medicina, y el farmacéutico no se la quiere vender rebajada de precio.

¿Debería Heinz robar la medicina para salvar a su esposa?"

Ante este dilema, los niños se dividían entre los que defendían que Heinz debía robar la medicina y los que decían que robar no era correcto y que debía dejar que muriera su mujer. Sin embargo, las niñas no daban una solución salomónica. En su lugar, buscaban respuestas alternativas. Por ejemplo, proponían hablar con la mujer del farmacéutico para que le convenciera para darle el medicamento a Heinz. O también proponían hacer una colecta en el pueblo para ayudar a Heinz a comprar la medicina. Como vemos, las respuestas de los niños son diferentes a las de las niñas. Los niños respondían basándose en el respeto a derechos (la propiedad, en el caso del farmacéutico, o la vida, en el caso de la esposa de Heinz). En cambio, las niñas pensaban en términos de relación, buscando soluciones nuevas que implicaran a más gente, como la mujer del farmacéutico o los vecinos del pueblo.

Podemos encontrar así dos formas de enfocar los problemas que constituirán dos éticas diferentes (que no enfrentadas) para codificar el mundo moral, relacionadas con sendos sexos:

1) La ética de la justicia. Es una aproximación a la moral que se basa en el respeto a unos derechos abstractos por parte de sujetos autónomos. Parte de principios universales que se puedan aplicar de una forma imparcial a cualquier caso concreto. El objetivo es detectar si se han violado esos derechos de las personas con independencia de las circunstancias concretas del caso o las relaciones establecidas.

2) La ética del cuidado. Percibe la realidad desde una trama de relaciones que puede ser dañada. Trata de proteger lo vulnerable, acentúa los sentimientos, la responsabilidad y la protección de lo vulnerable, las relaciones humanas, el autosacrificio, solidaridad, el contexto y la particularidad. La clave de la moral no es no violar derechos, sino no hacer daño. Entiende que no hay verdadera justicia sin solidaridad con los débiles.

Ahora bien, Gilligan no concluye que estas sean dos éticas irreconciliables ni que la femenina tenga que sustituir a la masculina. Son éticas propias de modos de maduración moral diferentes de sendos sexos. No es que uno tenga supremacía sobre el otro. Más bien, de lo que se trataría es de integrarlos. Justicia y cuidado no son dos elementos contrapuestos sino dos modelos que deben complementarse:

Olvidar de la ética del cuidado y quedarse sólo con una ética de la justicia conduce a no reconocer que la vida es más compleja y diversa de lo que se recoge en principios abstractos.

Pero olvidar la ética de la justicia y limitarse a la ética del cuidado, lleva a una ética débil y arbitraria, poco útil para las decisiones más allá del nivel estrictamente individual.

La integración entre la justicia y el cuidado es posible ya que el cuidado no tiene que ver sólo con la beneficencia (Principio de Beneficencia), sino también con unos mínimos de Justicia (Principio de Justicia).

BIBLIOGRAFÍA:

ARROLLO, Ma. Pilar. *Ética y legislación en enfermería*. Madrid: McGrave-Hill, 1996, cap.1.

CORTINA, Adela. *Aporofobia, el rechazo al pobre*. Barcelona: Paidós, 2017.

FEITO GRANDE, Lydia. *Ética y enfermería*. Madrid: San Pablo, 2009, caps.5 y 6.

RAMOS GALVÁN, José, TOVARUELA CARRIÓN, Natalia, GAGO REYES, Fernando, ÁLVAREZ RUÍZ, Verónica y REQUEIJO CONSTENLA, Ana. "Historia de los estudios de Podología en España", *European Journal of Podology*, 1 (1), 2015, pp.27-36.

RAWLS, John. *Liberalismo político*. Barcelona: Crítica, 1996.

TAYLOR, Charles. *Fuentes del yo: la construcción de la identidad moderna. Barcelona: Paidós, 1996.*

TEMA 9:
EL BUEN PROFESIONAL SANITARIO.

1. LA EXCELENCIA PROFESIONAL:

A la luz de lo analizado en los temas anteriores podemos preguntarnos cuáles serían los elementos que caracterizarían al buen profesional sanitario.

En primer lugar, podemos decir que el profesional es aquel que participa de una profesión. El término "profesión" deriva del latín *professio-professionis* que significa acción y efecto de profesar. Profesar significa proclamar o confesar en alto y, por tanto, guarda relación con realizar un compromiso público, aunque más comúnmente se aplica al ejercicio de declarar públicamente la confesión religiosa. Así se dice "profesar los votos sagrados" a quien se ordena monje o monja. En este sentido, la profesión conlleva la asunción de un compromiso, con lo cual adquiere una dimensión ética.

Pues bien, las profesiones tienen este sentido de entrega, de dedicación plena de la vida de una persona, y por ello conllevan un sentido moral, en tanto que incorpora la idea de responsabilidad. Se debe cumplir con el compromiso realizado. Y, como vimos al hablar de la vocación como misión, la profesión implica siempre una entrega a una misión que trasciende al individuo, y con ello, a sus intereses. Por eso, la profesión incorpora la entrega a una misión que debe cumplirse de un modo determinado y no procurando el mero interés egoísta, como se sugiere en la interpretación que se hace desde el capitalismo. Este último elemento nos conectará con la dimensión ética del buen profesional que señalaremos después.

2. RASGOS DE LA PROFESIONALIDAD EN LA SOCIEDAD CAPITALISTA:

No obstante, esta concepción normativa de lo que debería entenderse por profesional, está ausente en nuestra sociedad capitalista. En el nivel descriptivo de los socialmente admitido se asimila ser un buen profesional a la competencia científica y técnica; esto es, a la posesión de unos conocimientos y un conjunto de aptitudes y habilidades específicas. Un buen profesional es, así, una persona capaz de realizar una técnica, no alguien moralmente comprometido con lo que hace.

Esta concepción reduccionista de la profesionalidad, que conforma un modelo descriptivo de profesionalidad, es propia de la sociedad capitalista. En este modelo descriptivo, la profesionalidad posee dos elementos fundamentales:

1) La reducción de la profesión a la pericia técnica.

Esta es la causa de la deshumanización de la relación profesional. Cuando reducimos la profesionalidad a la pericia técnica estamos confundiendo a los profesionales con los técnicos. ¿Qué es un técnico? Un técnico es alguien que sabe hacer muy bien una tarea específica. Por ejemplo, el técnico de internet. Cuando se estropea el wifi, viene el técnico, lo arregla y se va. ¿Qué valoramos en un técnico? Valoramos su pericia en arreglar problemas, que tenga el mejor resultado posible por unidad de tiempo. Que acabe su trabajo cuanto antes y que lo haga bien. Con el técnico no establecemos ninguna relación humana de valor. Es decir, del técnico no esperamos un compromiso con nuestra situación particular, simplemente esperamos que arregle el aparato del wifi y que se vaya. La actividad profesional del técnico está propiamente deshumanizada, ya que se reduce a obtener buenos resultados. Al técnico lo llamas, te arregla el problema y se va. Por ese motivo ejercer bien un oficio no requiere el tener una vocación: basta la pericia técnica.

En cambio, nuestra relación con el profesional es diferente. Al técnico no le cuentas tus problemas, ni a quién le estabas escribiendo el email cuando se estropeó el wifi. En cambio, al médico, al abogado o al profesor sí le cuentas tus problemas particulares y también quieres que te dedique el tiempo que necesitas. Quieres que te escuche y te atienda para darte la mejor solución a tu problema particular. Esto es así porque con el profesional sí establecemos una relación de valor. De él esperamos un compromiso con nuestra situación y una solución integral a nuestro problema. Por ese motivo para ser un buen profesional es necesaria una vocación.

El problema es que hoy también se deshumaniza la actividad de los profesionales. La sociedad capitalista se olvida de esa dimensión ética de compromiso, propia de las profesiones, y se limita a valorar a los profesionales por sus resultados y no por los principios a los que deberían atenerse. En la sociedad capitalista la profesionalidad equivale a "trabajo bien hecho", aunque aquí trabajo se reduce a mera pericia técnica. Así, el buen profesional es el que tiene la suficiente habilidad técnica y hace las cosas materialmente bien. Por ejemplo, un buen cirujano es el que opera bien y no se le mueren los pacientes; un buen abogado es el que gana los juicios y un buen arquitecto es al que no se le hunden los puentes. Mientras hagas tu trabajo medianamente bien y no cometas negligencias, eres buen profesional. Del mismo modo, el "mal profesional" será aquel que hace mal su trabajo y comete negligencias; el que cruza la línea de lo ilegal o recibe denuncias en el colegio profesional. Cómo sea su trato con el resto de compañeros o con los pacientes, cuál sea su compromiso con su profesión y con los pacientes, no parece tenerse en cuenta. Porque en la sociedad capitalista el mundo de los valores se considera privado. Cada persona tiene sus valores y cuáles sean esos valores no importa a los demás.

Por esa razón, cuando nos limitamos a valorar al profesional por sus resultados, como a un técnico, queda deshumanizada la actividad profesional. Incluso al paciente ya no se le ve como persona, sino como "cliente de la sanidad", que puede poner reclamaciones ante el Defensor del paciente cuando recibe un trato que no es de su agrado, como las reclamaciones que se ponen contra los comercios ante la deligación de Consumo.

2) Esta reducción del trabajo a la pericia técnica define también lo que es un "profesional excelente".

En la sociedad capitalista el profesional excelente no es meramente aquel que hace medianamente bien su trabajo, sino el que lo hace muy bien, y, en consecuencia, triunfa socialmente y gana mucho dinero. Por ejemplo, cirujanos hay muchos, y harán muy bien su trabajo, pero un cirujano excelente es el Dr. Cavadas, que hace implantes increíbles que le han dado fama mundial. Le llaman de Universidades para que imparta conferencias y Hospitales de todo el mundo le ofrecen contratos millonarios. Pudiera ser que en el trato con sus compañeros dejara mucho que desear, pero aun así nadie discute que sea un gran profesional. Porque ser un profesional excelente no se mide por sus valores, sino por su pericia técnica. Porque, como hemos dicho, la actividad profesional está deshumanizada. Los valores son algo propio de cada uno.

El profesional excelente es el que obtiene prestigio, fama y dinero gracias a su gran pericia técnica. Lo que se valora en el profesional excelente es el nivel de vida y la fama que ha logrado gracias a su pericia técnica y su esfuerzo. Él es un referente en la sociedad porque marca el camino de cómo trabajando mucho se puede obtener éxito profesional. Porque lo importante en la sociedad capitalista es que gracias a tu trabajo ganes dinero (bien externo). El éxito material se convierte así en el fin de la sociedad capitalista.

Así, podemos decir que el Dr. Cavadas ha "hecho carrera". Estudió Medicina como otros tantos, pero por su gran capacidad y pericia técnica ha obtenido gran éxito, fama y dinero. "Hacer carrera" no significa estudiar en la Universidad, sino lograr éxito material con el trabajo, en concreto, con una profesión liberal. De esta manera el triunfo en la vida se asimila al éxito material, la fama y el dinero.

Pero, como decía Antonio Gala, "hemos pasado de adorar el becerro de oro a adorar el oro del becerro". Es decir, la sociedad capitalista ha degenerado de tal manera que ha pasado de valorar el éxito derivado del trabajo duro de las personas, a adorar el éxito por sí mismo, sin importar el modo en que se obtenga. Por eso los jóvenes buscan hoy el éxito de cualquier forma, vendiendo la intimidad en *Gran Hermano*, por ejemplo.

3. NIVELES DE PROFESIONALIDAD EN EL MODELO DESCRIPTIVO:

Esto nos lleva a distinguir tres niveles de profesionalidad en el esquema descriptivo capitalista:

1) El "mal profesional": Es aquel que no posee una suficiente habilidad técnica y comete negligencias o ilegalidades. El que por indolencia o mala fe se busca problemas.

2) El "buen profesional": Aquel que trabaja medianamente bien, procura no meterse en problemas y no recibir quejas de nadie. Ser buen profesional parece definirse meramente como no ser "mal profesional". El buen profesional posee una suficiente habilidad técnica, la suficiente para no cometer negligencias, pero no aspira a la excelencia técnica ni a la excelencia ética. Se conforma con trabajar medianamente bien, con tal de que eso le dé para vivir porque su motivación es un bien externo, ganar el dinero suficiente para tener una vida tranquila.

3) El "profesional excelente": Es el que desempeña muy bien su pericia técnica y, en consecuencia, logra fama y dinero, más que el buen profesional, que se conforma con lo que gana. El profesional excelente procura exclusivamente la excelencia técnica, porque es la que le aporta lo que busca: fama y dinero (bienes externos). En cambio, no procura la excelencia ética, porque sabe que su comportamiento ni su compromiso ético es tenido en cuenta por la sociedad. La sociedad sólo valora de él su éxito profesional.

Ahora bien, ¿podemos conformarnos con esta concepción de buen profesional como mero técnico que olvida su aspiración a la excelencia? Y, por otro lado, ¿la excelencia profesional puede reducirse al éxito material? A la luz de lo visto a lo largo del curso, la respuesta es un "no".

4. MODELO NORMATIVO DE LA EXCELENCIA PROFESIONAL:

Para empezar, hay que hacer una distinción entre el "profesional excelente" y lo que es la "excelencia profesional", porque no son lo mismo. El profesional excelente se podrá diferenciar del buen profesional por contar con unas habilidades técnicas extraordinarias que el segundo no tiene. Pero eso no significa que sólo el profesional excelente aspire a la excelencia profesional. Aspirar a la excelencia profesional es una idea más amplia que ser un profesional excelente. Esta aspiración a la excelencia debe ser una constante en todo profesional: el profesional excelente y en el buen profesional. Porque la "excelencia profesional" no se puede reducir a la pericia técnica.

Esto es así porque, frente a la concepción capitalista, la excelencia profesional no es una cualidad que se tiene de hecho y, como ya se tiene, ya se es un profesional excelente. (Por ejemplo, tener gran pericia técnica o un cociente intelectual de 280). La excelencia profesional es ante todo una aspiración, es un logro, un objetivo. En primer lugar, porque toda profesión va acompañada de una aspiración. Nadie trabaja *gratis et amore*. Todo el mundo trabaja porque aspira a algo, aunque sea a tener un piso y formar una familia. La profesionalidad va acompañada de la aspiración. Y una aspiración es una actitud, una disposición que se tiene y que nos anima a hacer algo y, en concreto a ser mejores. Esa aspiración puede ser un bien interno (la excelencia profesional) o un bien externo (ganar dinero para sacar adelante tu familia).

De hecho, la psicología nos enseña que en la naturaleza humana está el aspirar a algo en la vida. Toda persona racional marca un objetivo a su vida que, sea cual sea (formar una familia, tener un mejor empleo, una casa más grande, etc...), consiste en tener una vida mejor. Vosotras y vosotros estáis aquí no por gusto, sino porque queréis ser profesionales de la enfermería y tener un trabajo que os gusta con el que ganaros la vida. Sin embargo, hay gente que, por las condiciones de pobreza o miseria en las que vive, carece de ese impulso a aspirar a una vida mejor. Las personas que viven situaciones de miseria, y que se ven incapaces de salir de ahí, en lugar de emplear su razón para encontrar medios de salir adelante en la vida, emplean la razón para encontrar justificaciones de su situación que les hagan más confortable la vida. Esas justificaciones permiten a las personas interiorizan que esa situación en el fondo no es tan mala y que fuera de ella estarían peor.

Por ejemplo, ¿no os habéis preguntado por qué los mendigos no acuden a Cáritas ni a los servicios sociales a buscar ayuda para salir de su situación, sino que son las propias ONG las que tienen que llevarles comida y mantas en invierno? Esto sucede porque los mendigos piensan que la sociedad los rechaza y que apartados de la sociedad vivirán mejor. Pero eso no lo piensan racionalmente, sino de una forma irracional. Se trata de una racionalización (razonamiento inconsciente) generada por su sensación de incapacidad de salir de esa situación.

Esta forma irracional de pensar, que bloquea la aspiración que todos tenemos de querer una vida mejor, se denomina "preferencias adaptativas". Las preferencias adaptativas son el mecanismo psicológico que hace a las personas degradar irracionalmente un objetivo deseado para pasar a apreciar una situación objetivamente peor. Pensemos en una familia que tiene pensado ir de vacaciones al Caribe, pero se quedan en paro y no pueden ir. Si actúan de forma racional, cambiarán ese destino lujoso por otro más modesto, como una casita rural en la sierra. En cambio, una familia con preferencias adaptativas diría: *"bueno, pues como no podemos ir al Caribe, nos quedamos en casa. Total, a lo mejor yendo al Caribe se estrella el avión"*. Este razonamiento es propio de las preferencias adaptativas, porque consiste en una racionalización inconsciente que hace la persona para amoldarse a la nueva situación negativa inesperada (no poder irse al Caribe).

El concepto de preferencias adaptativas es fundamental para entender que la pobreza no es, como se suele pensar, la mera carencia de recursos. Como recuerda Amartya Sen, la pobreza consiste en una falta de capacidades (salud, educación, trabajo, dinero, entorno familiar y social favorable, etc...) para sacar adelante la vida con coraje. El pobre no es el que tiene poco dinero, sino el que carece de salud, educación, trabajo o de un entorno social favorable, para emplear sus recursos (pocos o muchos) de un modo que le permita sacar adelante su vida. Por ejemplo, una persona sana y una enferma pueden ganar 1.000€. Pero la sana puede emplear esos 1.000€ en múltiples planes de vida (comprar un coche, viajar, etc...) entre los que puede elegir cuál desea realizar con el objetivo de tener una vida mejor. En cambio, la persona enferma deberá emplear quizá 500€ para un tratamiento de rehabilitación, con lo cual sólo le quedarán 500€ para el resto de sus gastos. Esto implica que sus aspiraciones vitales serán más reducidas, conformándose con planes de vida más modestos porque, sencillamente, no puede aspirar a más. Como vemos, lo que hace pobre al enfermo no es el dinero que gana (1.000€), sino la condición de enfermedad que le hace gastar parte de ese dinero en el tratamiento de su enfermedad y ello le reduce sus opciones vitales.

Pues igual que sucede en el conjunto de nuestra vida, en la que aspiramos a vivir mejor, en el ámbito profesional la excelencia profesional debe ser una aspiración, una disposición, una actitud. Porque entre las cosas a la que aspiran los profesionales debe estar la excelencia profesional. No tiene sentido que un profesional sea ya excelente porque tiene pericia técnica y no aspire a ser siempre mejor y a continuar formándose. Porque mañana puede aparecer una enfermedad nueva, tú no enterarte y cometer una negligencia. De ahí que la excelencia profesional sea una aspiración y no algo que se tiene ya, porque el profesional excelente siempre tiene que aspirar a ser mejor. De hecho, al referirnos a las actitudes de la enfermería citamos la competencia técnica. Ésta no consistía en poseer una cualificación profesional, sino una actitud dirigida a la formación permanente.

Pero la excelencia profesional tampoco es meramente la disposición a mejorar técnicamente. Es un concepto mucho más rico que incluye también la posesión de unas actitudes que llevan al profesional a actuar de acuerdo a unos principios y unos valores concretos en el trato con el resto de compañeros y con sus pacientes, clientes, etc… la aspiración a la excelencia profesional es llevar a cabo la vocación de servicio a la sociedad. La aspiración a la excelencia es la que impulsa a los profesionales a dar un trato correcto a sus pacientes, a sacrificar su tiempo por los demás y a realizar tareas que en realidad no le tocan pero que sabe que debe hacer. En síntesis, la excelencia ética implica tener siempre como meta de la actividad la consecución del bien interno de la profesión.

Un profesional puede tener, como hemos dicho, muchas aspiraciones, y muchas de ellas pueden ser bienes externos (dinero, fama, vivir tranquilamente con su familia, etc…). Pero si no aspira a la excelencia profesional, ese profesional estará motivado por un bien externo. Y cuando la actividad está guiada por un bien externo, esa actividad termina por corromperse. Por ejemplo, si la aspiración de un médico es irse de viaje con su mujer con los viajes que le regala la farmacéutica y no atiende a recetar al paciente el medicamento que necesita, acabará recetando algo mal.

Por esa razón es necesaria siempre la aspiración a la excelencia profesional, tanto ética como técnica, porque sólo se será buen profesional si se aspira siempre en primer lugar a la excelencia y si esa aspiración a la excelencia se pone por encima de cualquier aspiración personal de carácter externo. De ahí que la aspiración a la excelencia profesional no puede ser la excepción, algo propio del profesional excelente, sino la regla en todo buen profesional. Alguien será un buen profesional si tiene como motor de su actuación la aspiración a la excelencia profesional, no sólo técnica, sino también ética. La aspiración a la excelencia ética debe ser una constante que guíe siempre la actividad profesional. Por eso también, el buen profesional no puede ser nunca el que cumple con un mínimo de pericia técnica sin aspirar a la excelencia. Sin aspirar a la excelencia, es decir, sin tener como meta principal el bien interno de la profesión, no se podrá ser nunca buen profesional.

5. EL "MÍNIMO PROFESIONAL":

Ahora vamos a hablar del "mínimo profesional". Este es el requisito mínimo que se debe cumplir para ser un buen profesional. Como se deduce de todo lo dicho, el mínimo para no ser mal médico o no ser un mal enfermero o podólogo, debe situarse más alto de lo que socialmente se encuentra. En el modelo descriptivo de la sociedad capitalista se es buen médico con tal de no ser mal médico. Es decir, para ser buen médico basta con tener la suficiente habilidad técnica para no cometer negligencias. Pero no importa no aspirar a la excelencia.

En cambio, en la concepción normativa aquí presentada, el mínimo profesional está más alto y debe incluir también la búsqueda de la excelencia profesional (técnica y ética) mediante el desarrollo de unos valores y actitudes concretos. El mínimo no puede situarse en el límite de no cometer negligencias, sino en un límite más alto: tener como meta el bien interno y aspirar siempre a la excelencia técnica y ética. El mínimo profesional comporta la posesión de unas actitudes y valores. Porque la comisión de negligencias es ya la consecuencia última de haber dejado de ser un buen médico. Es decir, no se es mal médico porque se cometen negligencias, sino al revés: se cometen negligencias porque se es un mal médico. Porque sólo se cometen negligencias cuando se ha dejado de lado la búsqueda de la excelencia y el compromiso de servicio a la comunidad. El mínimo profesional, por tanto, en el modelo normativo viene dado por la búsqueda de la excelencia.

6. NIVELES DE PROFESIONALIDAD EN LA CONCEPCIÓN NORMATIVA:

Esta idea del mínimo profesional da pie a presentar los tres niveles de profesionalidad en el modelo normativo: el del mal profesional; el del buen profesional y el del profesional excelente:

1) El nivel del mal profesional: Frente al modelo descriptivo capitalista, en el nivel normativo ser mal profesional no significa cometer negligencias. Según el modelo normativo se puede ser mal profesional haciendo todo de forma correcta y sin cometer negligencias. En el modelo normativo el mal profesional es aquel que no pretende la excelencia ética (ni técnica). Son profesionales situados en la mediocridad, guiados por el bien externo de conseguir el dinero que les permita ganarse la vida.

Ahora bien, hay que tener claro que el mal profesional no siempre nace, también se hace. El mal profesional no es meramente el "gandul". No. El mal profesional es también el profesional "quemado" al que se le ha apagado la aspiración a la excelencia y se conforma con la mediocridad por impotencia ante lo que ve.

Las causas el profesional quemado son dos:

En primer lugar, la corrupción. El profesional está harto de ver que hay corrupción y corporativismo en los colegios profesionales. Por ese motivo, al final se cansa y termina por aprobar lo que en principio condenaba: porque si hoy le salvo a este de ser expulsado por una negligencia, mañana me salvarán a mí: "hoy por ti, mañana por mí".

¿Y cómo debe actuar el profesional ante los casos de corrupción? El sociólogo Max Weber señala dos modos de proceder en ética. Por un lado, está la ética de la convicción, que tiene como referente las bienaventuranzas evangélicas del Sermón de la Montaña.[8] La ética de la convicción consiste en actuar de acuerdo a unos valores y principios sin tener en cuenta las consecuencias. Este modo de proceder parecería el más justo, pues la injusticia debe ser perseguida caiga quien caiga. Pero si actuamos sin tener en cuenta las consecuencias, lo más probable es que nos estrellemos con la realidad y no podamos realizar esos principios. Por ejemplo, si en un hospital recibes órdenes para ascender a alguien que no lo merece (porque es hijo de un directivo del hospital), puedes denunciar esa situación ante la dirección de RR.HH. Pero si lo haces, probablemente quien acabe despedida seas tú por denunciar la corrupción.

---

[8] Mt.5:1-12.

113

Por eso hay otro modo de actuar más prudente, que Weber llama la "ética de la responsabilidad". Esta ética se asienta en el consejo evangélico de "sed cándidos como palomas y astutos como serpientes".[9] La ética de la responsabilidad afirma que, para ser éticos, hay que actuar de forma prudente, teniendo en cuenta las consecuencias de las acciones, para poder asegurarnos de que podamos lograr los objetivos morales propuestos. Esto implica que, en muchas ocasiones, a corto plazo tendremos que aceptar situaciones que no nos parecen éticas como vía para, en un momento posterior, poder transformarlas. Como señala Adela Cortina, la ética no sólo tiene que ver con la razón y las emociones. La ética también tiene que ver también con el estómago. Porque hay que tener estómago para aguantar ciertas situaciones de corrupción a la espera de que llegue el momento apropiado de actuar para cambiar esa situación. Así, en el ejemplo que he puesto antes, cuando se te ordena ascender a alguien que no lo merece, sólo porque es familiar de un directivo del hospital, en lugar de ir directamente a denunciar esa situación al responsable de RR.HH., lo más prudente sería esperar a tener una mejor posición dentro del hospital desde la que, ahora sí, poder cambiar esa situación.

La otra causa que genera malos profesionales es la burocratización del sistema. Muchas veces el sistema impone un exceso de tareas burocráticas sobre los profesionales: redactar informes, asistir a comisiones y reuniones inútiles en las que al final la decisión estaba ya tomada de antemano, etc… Esta burocratización produce la desilusión entre los profesionales porque todas estas tareas restan tiempo a lo verdaderamente importante para esos profesionales, que pasa por la atención a sus pacientes, su formación continua, llevar a cabo proyectos y la investigación. Por eso al final se cansan de no poder realizarse en aquello que es su vocación, que es el trato con los pacientes y la formación, y final, al no poder hacer lo que les motiva, se limitan a cumplir con las normas legales trabajando lo mínimo para no buscarse líos. Porque su aspiración a la excelencia se encuentra atrofiada por las tareas burocráticas inútiles.

En cualquier caso, esta renuncia a la excelencia representa ser ya un mal profesional, sin que ello implique sanciones legales. Son malos profesionales en el sentido de que no están guiados por el bien interno ni aspiran ya a la excelencia, aunque inicialmente sí aspiraran a ella.

---

[9] Mt.10:16.

2) El nivel del buen profesional. Este establece el nivel de lo moralmente exigible a todo profesional, y, como tal, incluye la búsqueda de la excelencia ética y técnica. Estos profesionales están guiados por el bien interno de su profesión. Anteponen el bien interno a la consecución de bienes externos en el ejercicio de su profesión. Este nivel representa el mínimo para ser un buen profesional.

3) El nivel del profesional excelente. Va más allá de lo moralmente exigible a todos. Este nivel incluye a aquellos profesionales que desarrollan unas habilidades de pericia técnica (habilidades de estudio, carisma en el trato a los pacientes o destreza al operar) no accesibles a todos. El profesional excelente es ya un buen profesional, pues se guía por el bien interno de la profesión y aspira a la excelencia. Pero, a diferencia del buen profesional, el profesional excelente se caracteriza por tener un mayor coraje por la vida, un mayor afán de superación, unas cualidades intelectuales y unas mejores capacidades de esfuerzo, pericia y estudio, y por eso ha logrado estar donde está. Además, el profesional excelente es un referente para la sociedad porque por su esfuerzo y trabajo logra resultados extraordinarios.

Pero, además de esas cualidades excepcionales, la excelencia profesional debe incluir también el desarrollo de unas actitudes y valores en el trato a los pacientes y al resto de compañeros (y esas actitudes y valores sí son exigibles a todos para ser buenos profesionales). De este modo, el profesional excelente no es sólo el que posee unos amplios conocimientos y capacidades técnicas, sino también el que hace un empleo adecuado de esos conocimientos a la luz de unos valores y unas virtudes. Porque, además de pericia técnica, posee una aspiración a la excelencia, técnica y ética.

7. RECOMENDACIONES PARA LA BUENA PRÁCTICA SANITARIA:

¿Cómo puede entonces reconocerse al buen profesional sanitario en el modelo normativo? La diferencia clave entre el profesional excelente y el buen profesional es que al profesional excelente se le reconoce por su gran pericia técnica, aunque se le presupone también la aspiración a la excelencia ética. El profesional excelente es el cirujano que hace virguerías o el médico que hace diagnósticos muy atinados con solo conocer los síntomas que relata el paciente. Por ejemplo, donde los buenos médicos diagnostican epilepsia, el profesional excelente con sólo observar los encefalogramas del niño dice "señora, su hijo no tiene epilepsia, su hijo padece síndrome de Drávet".

En cambio, al buen profesional no se le reconoce por su gran pericia técnica, pues esta es una cualidad en la que no despunta. Su pericia técnica es similar a la del resto de profesionales. Al buen profesional se le reconoce por su compromiso ético con su labor. Se le reconoce por su vocación. Por ejemplo, el buen médico no es sólo el que acierta en el diagnóstico, sino el que atiende a sus pacientes el tiempo necesario en la consulta, el que comprende y escucha a sus pacientes.

En este sentido, aunque los buenos profesionales son necesarios en todos los ámbitos, lo son de una manera especial en la sanidad, pues los profesionales sanitarios realizan su trabajo con personas desvalidas y que tienen mermada su salud. Por ello, es de especial interés que los profesionales de enfermería tengan en cuenta una serie de recomendaciones específicas en algunos asuntos relativos a la práctica sanitaria:

7.1. LA COMUNICACIÓN CON EL PACIENTE:

Enfermeros y podólogos deben, como vimos, desarrollar la actitud de compasión por el sufrimiento del paciente. Esto supone tratar al paciente en su individualidad. Éste nunca debe percibir que se le está tratando "como a uno más", sin tener en cuenta sus problemas y miedos. De hecho, los pacientes esperan del profesional siempre un trato individualizado. De ahí la importancia, por ejemplo, de llamarlo por su nombre.

Por ello, para que se establezca una buena relación con el paciente es fundamental forjar una buena relación de comunicación, por la que se conozcan sus valores, percepción de su situación, sus miedos y cómo interpreta su enfermedad. Además, gracias a esa comunicación, conocer al paciente tiene grandes ventajas, como conocer su evolución terapéutica para decidir si se puede adelantar su alta o evitar errores en el suministro de tratamientos en el hospital o en la consulta podológica.

Una buena relación de comunicación es fundamental para:

1) Afianzar una relación de confianza con el paciente (y la confianza es el valor clave en cualquier tipo de relación). La enfermera es el miembro del personal sanitario más próximo al paciente. De ahí que la confianza que se establezca con el paciente es la más estrecha que éste tendrá con el personal sanitario. Los pacientes suelen confesar a las enfermeras cosas que no revelan ni a los médicos. Por ejemplo, que toman medicina alternativa, es decir, homeopatía. Los pacientes tienen interiorizado un rol de género por el que piensan que, si le confiesan eso a su médico o médica, les va a reñir por ello. En cambio, la enfermera es percibida como poseedora de un rol más compasivo. Por eso es más sencillo confesar a la enfermera esos detalles.

Afianzar una relación de confianza entre la enfermera y el paciente puede ayudar a solventar situaciones que se están dando en la actualidad con el cada vez mayor número de ancianos que hay solos en los hospitales sin acompañantes, ya que los hijos trabajan y nadie se encarga de cuidar al abuelo en el hospital. En estos casos, una situación común es que, por ejemplo, los hijos que dejan solo al abuelo le dicen que si tiene un problema llame al 112 con el móvil (en lugar de decirle que llame a la enfermera de planta). Así, os podéis encontrar casos de abuelos que llaman al 112 porque se les ha caído la dentadura de la mesita y no la encuentran. En esos casos, el 112 llama al hospital, y claro, en la centralita saltan todas las alarmas. Porque si alguien llama al 112 desde un hospital evidentemente no es para pedir un médico. Sólo quedan dos alternativas: o hay un incendio o se está produciendo un incidente violento. Así que acudirá alarmado algún jefe a la planta de la que salió la llamada (pensando que se trata de una emergencia) y al final la culpa os la echarán a vosotras y vosotros por no haber estado al tanto de la situación, ¡cuando vosotras ni os habéis enterado de nada porque el paciente no ha apretado el botón de llamada a la enfermera! Por ese motivo, para evitar esas situaciones que os pueden acarrear problemas, es bueno que los pacientes (especialmente si están solos) tengan una buena relación de confianza para que os puedan llamar a vosotras si tienen un problema.

2) Ayudar al paciente. Esa especial relación con el paciente convierte a menudo a los profesionales de enfermería en defensores de los derechos del paciente dentro del hospital. Los enfermos aprovechan su especial relación con la enfermera para hacerle llegar sus quejas y reclamaciones y esperan de ella que las haga llegar a los médicos. Por tanto, esperan de ella que les resuelva sus problemas en el centro. Pero al personal de enfermería no se le paga para hacer de recadero de los pacientes. Así, debe analizarse si el papel de los profesionales de la enfermería es el de ser defensores de los pacientes. Este es un tema abierto hoy en día.

Así también, la relación de la enfermera con los pacientes hace que la enfermera se implique también emocionalmente con la situación del paciente. Controlar esa relación emocional es importante, ya que tratar a ciertos pacientes, como los oncológicos o los lesionados cerebrales, puede afectar emocionalmente a los profesionales de enfermería si empatizan demasiado con la situación del paciente. En el ámbito de la podología, esta situación puede producirse también en el tratamiento a tullidos o personas con discapacidad. En la podología también es necesario calibrar la empatía con los pacientes para evitar la afectación emocional.

Para establecer una buena relación de comunicación con el paciente, se debe:

1) Conocer las técnicas de comunicación dentro de su proceso de formación técnica. Una de las actitudes de la podología y enfermería es la de la competencia técnica, dirigida a llevar a cabo una formación permanente. Por ello, un elemento clave de la formación permanente debe ir dirigido al fomento de las capacidades de comunicación. La comunicación con el paciente es clave, como vimos, por un lado, para el reconocimiento del paciente como interlocutor válido y, por otro, para el fomento de su autonomía en su proceso de recuperación.

En este sentido se ve cómo la excelencia técnica va de la mano de la excelencia ética. Mejorar las técnicas de comunicación contribuye a estrechar la relación de comunicación. Y estrechar la comunicación lleva a reforzar la confianza del paciente con el profesional y, con ello, evitar posibles problemas.

2) Conocer también las técnicas para afrontar problemas. Las enfermeras se encuentran ante situaciones complicadas, en ocasiones son situaciones límite de una fuerte carga emocional. Por ejemplo, hay pacientes que al poco tiempo de subir a planta desde la UCI suelen sufrir un empeoramiento repentino, lo que obliga a bajarlos otra vez a la UCI. En esa situación el primer profesional que acude en su auxilio es la enfermera, y es por tanto la que toma las primeras decisiones relativas al cuidado de ese paciente. Del mismo modo, los podólogos pueden enfrentarse a situaciones complicadas en su consulta, como que un paciente sufra un infarto o un ictus. Por ese motivo es necesaria la formación en técnicas de afrontamiento de problemas en el ámbito de las profesiones sanitarias.

3) Evaluar los aspectos emocionales de la situación a la que se enfrenten con el paciente (miedos, tristeza, ansiedad, soledad). Un aspecto clave de la profesión de la enfermería es dar consuelo a los pacientes. Parece que siempre es el médico el que da las malas noticias ("su padre tiene cáncer") y la enfermera es quien consuela a la familia y al paciente para afrontar esa mala noticia. Es también quien consuela al paciente en su soledad en el hospital.

Además, saber controlar las emociones del paciente (y de los familiares) es fundamental en las situaciones de crisis, como el empeoramiento repentino del paciente en planta. Es importante aquí calmar al paciente o a los familiares y saber transmitirles una sensación de control de la situación a la espera de la llegada del médico o la médica.

4) Prestar el apoyo emocional a cada paciente según sus necesidades. Ese apoyo siempre ha de estar dirigido a promover la autonomía del paciente, de acuerdo al principio de Autonomía.

7.2. LA INTIMIDAD:

La privacidad y la intimidad:

Abordar la intimidad precisa de una delimitación conceptual previa entre los conceptos de privacidad e intimidad:

Podemos definir la privacidad como aquella esfera de la persona ajena a su papel público como ciudadana. Así, la privacidad incluye los ámbitos relativos al trabajo, amigos, aficiones, pertenencia a grupos sociales o iglesias, etc... Todos estos ámbitos conforman la vida privada de la persona, que quedan a salvo de la coacción del Estado, gracias a las libertades de pensamiento, expresión, movimiento, reunión, asociación, etc.... Con ello la privacidad se refiere a la esfera de la conducta personal en la que el resto de la sociedad no tiene ningún interés y, por tanto, no debe entrometerse.

La clave está en que la privacidad es relativa a la esfera de nuestra vida que deseamos mantener oculta al resto de personas. La privacidad remite a la existencia (metafórica) de un espacio físico con una puerta y un pestillo, que nos permite mantener apartado de la vista de otros ciertos ámbitos de nuestra vida y que, a nuestra voluntad, podemos revelar a quienes queramos. El ejemplo prototípico es, pues, la misma propiedad privada: es un espacio físico en el que nos realizamos libremente y que está vetado a la contemplación del resto de personas. Lo privado es, así, ese ámbito físico o metafórico, colindante con lo público, que deseamos mantener vetado a la observación ajena. Así, hablamos de un derecho a la privacidad. Pero justamente por su colinde con lo público, lo privado puede ser invadido contra nuestra voluntad, por ejemplo, mediante las escuchas telefónicas, un mirón o un dron.

¿Y qué diferencia entonces lo privado de lo íntimo? Frente a lo privado, lo íntimo evoca un reducto último de la personalidad al que sólo tiene acceso el propio sujeto. Además, lo íntimo abarca tres dimensiones de la persona: el mundo interior, el cuerpo y la experiencia relacional:

En primer lugar, la intimidad abarca el mundo interior de la persona, su foro interno. Esto es, los hechos de su conciencia, como pensamientos, creencias, o convicciones. Por extensión podríamos incluir en la intimidad también los sentimientos íntimos, deseos, fantasías, etc… Sobresale aquí la conexión de la intimidad con los sentimientos y la afectividad. Esto diferencia a la intimidad de la privacidad. Una persona puede procurar mantener la privacidad de sus datos personales (lugar de trabajo, historial clínico, cuenta de ahorros, etc…), pero ninguno de esos datos reviste carácter de intimidad. Estos datos son más bien privados porque a ellos puede acceder un hacker informático o un espía. En cambio, al fuero interno de los sentimientos, pensamientos y fantasías sólo tiene acceso el propio sujeto. El resto de personas sólo puede inferir los sentimientos de un sujeto a partir de sus actos externos. Por ejemplo, si alguien te hace *ghosting* en redes sociales, infieres que no quiere saber nada de ti.

En segundo lugar, la intimidad está encarnada en nuestro cuerpo. El cuerpo suele considerarse un espacio íntimo. De hecho, hablamos de "partes íntimas". Nuestro cuerpo no es un mero trozo de carne, ni un conjunto de células, sino que está transido de cultura. Es decir, el cuerpo posee un carácter cultural, que proporciona al cuerpo un sentido de la intimidad. Ello es así porque ciertas partes del cuerpo poseen un sentido para la persona y ello las lleva a mantenerlas en la intimidad. No las muestra al resto de personas o al menos a la mayoría, y lo hace porque así lo ha aprendido en sociedad. Dicho de otro modo, la persona mantiene ocultas aquellas partes del cuerpo que ha aprendido que son íntimas. Por ese motivo la intimidad es un constructo cultural. En cada cultura las partes que se consideran íntimas son diferentes, aunque todas coinciden en considerar íntima la genitalidad. El sentido cultural de la intimidad varía también con el tiempo. Por ejemplo, el sentido que da a su intimidad un anciano de setenta años puede ser muy distinto al que le dan hoy los jóvenes, acostumbrados a exponer su cuerpo en redes sociales o incluso a enviar fotos comprometidas suyas a otras personas, lo que ha dado lugar a casos de extorsión.

Por último, la intimidad remite a una experiencia relacional. Hablamos de amigos íntimos, relaciones íntimas, o de un ambiente íntimo. El ejemplo paradigmático aquí es la familia. Dentro de la familia es donde el sujeto comparte sus confidencias más íntimas (sus enfermedades o problemas, por ejemplo) que nadie más sabe. La familia es un ámbito de intimidad también porque en ella se expresan relaciones de afecto, como sentimientos de filiación y amor hacia las personas que nos son más cercanas: sentimientos de pareja, de padres a hijos y entre hermanos.

Estos tres elementos permiten deslindar la diferencia entre la intimidad y la privacidad. En el trabajo, tras una puerta de la oficina, un empleado puede mantener una conversación privada con el jefe sobre los planes de negocio de la empresa. Esa conversación es privada justamente porque se pretende que sea oculta al resto de empleados. De ahí que se haga "a puerta cerrada". En cambio, no es una conversación íntima porque entre el empleado y el jefe no hay una relación afectiva. Si, por el contrario, empleado y jefe estuvieran intimando tras la puerta, entonces sí se trataría de una relación íntima protegida por la privacidad. Es, pues, el contexto, el que dota de sentido de privacidad o de intimidad a la escena y la diferencia está en el carácter de sentimientos que haya entre las personas. Si no hay sentimientos de cariño ni filiación entre los sujetos, nos encontraremos ante una relación de privacidad. En cambio, si, por el contrario, se dan esos sentimientos, se tratará de una relación de intimidad.

El cuidado de la intimidad en la podología y la enfermería:

Esta diferenciación hecha entre intimidad y privacidad, y especialmente la ligación de la intimidad y la corporalidad, nos permite abordar el papel de la podología y la enfermería en el tratamiento de la intimidad. Ambas profesiones realizan una actuación sobre el cuerpo de la persona enferma. Como hemos dicho, el cuerpo representa un ámbito de intimidad, especialmente cuando está desnudo. Pero en situaciones de enfermedad y dependencia la persona suele encontrarse postrada y sin posibilidad de preservar su intimidad por sí misma. Esto las lleva a perder el control de su cuerpo y a ver su intimidad invadida por otros. De hecho, invadir su intimidad es necesario para poder atenderlas, en el hospital o en la clínica podológica.

Por ese motivo, se debe tener en consideración no sólo el tratamiento sanitario que se hace al paciente de cara a no dañarlo físicamente. Tampoco se debe dañar al paciente en su integridad moral, y esto incluye el respeto a su intimidad (por el principio de no maleficencia). Para respetar su intimidad se debe atender a su peculiaridad, sus creencias y valores, porque son ésos los que determinan su concepción y límites de la intimidad. Aparece aquí de nuevo la importancia de los cuidados culturales. Cada cultura interpreta la intimidad de una manera. Mientras en muchas tribus indias la población va semidesnuda, en otras culturas el desnudo se percibe como pudoroso. Por ese motivo es necesario conocer cómo cada paciente interpreta su intimidad, para que no se sienta invadido al realizar las tareas de cuidado sobre él o ella.

Por ello, para mantener el respeto a la intimidad corporal de todos los pacientes es necesario seguir una serie de indicaciones:

1) Considerar y ser sensible a la vulnerabilidad y la fragilidad de los pacientes.

2) Respetar el espacio del paciente y respetar que pueda mantener su intimidad.

3) Tratar de conocer la cultura, los valores y costumbres del paciente.

4) Respetar las costumbres y la cultura del paciente en todo lo posible.

5) Llevar a cabo las labores de cuidado con respeto y delicadeza.

6) Informar de las tareas que se realizan y de las incomodidades que puedan suponer.

7) Pedir consentimiento para realizar cualquier intervención en el cuerpo del paciente.

7.3. LA CONFIDENCIALIDAD:

Se debe distinguir entre el deber de secreto profesional y el derecho a la confidencialidad:

El deber de secreto profesional es tan antiguo como las mismas profesiones del sacerdocio o medicina. Hace referencia a un deber propio del profesional de no revelar datos de carácter personal, familiar, profesional o de cualquier índole conocidos en el ejercicio de su labor. En el caso de la medicina, este deber ya aparecía recogido en el Juramento Hipocrático. En él se dice:

"Lo que, en el tratamiento, o incluso fuera de él, viere u oyere en relación con la vida de los hombres, aquello que jamás deba trascender, lo callaré, teniéndolo por secreto".

Este deber exige al profesional guardar secreto sobre la salud de los pacientes, así como de cualquier tipo de información que reciba en el ejercicio de la medicina. Esto incluye también aspectos como, por ejemplo, guardar secreto sobre la infidelidad de un o una paciente a su pareja. Si como enfermera observas que un paciente tiene un amante, no debes comunicarlo a la pareja, ya que el paciente es libre de ejercer su sexualidad como quiera.

Pero el deber de secreto profesional se aplica también entre profesionales. Si, por ejemplo, un subordinado solicita unos días libres de asuntos propios por un problema familiar, debes tramitar su solicitud y guardar el secreto del problema que tiene ese compañero. Del mismo modo, los conflictos entre subordinados se deben abordar y solucionar procurando la máxima cautela y confidencialidad.

En todo caso, en su origen ese deber de secreto profesional no estaba relacionado con la protección de ningún derecho del paciente a la confidencialidad de sus datos, pues en el modelo tradicional al paciente no se le reconoce ningún derecho, ya que el paciente era un sujeto pasivo de la sanidad. Ese deber de secreto profesional estaba dirigido al mantenimiento de la reputación del colectivo profesional. Si un médico difunde las enfermedades de sus pacientes, nadie lo querrá como médico. Esta idea se mantiene incluso en la actualidad: a un periodista que revelara sus fuentes, ¿quién le filtraría nada? O a un abogado que delatara a sus clientes, ¿quién lo contrataría? El secreto profesional es también un elemento necesario para mantener la confianza entre el profesional y el cliente o, en el caso de la sanidad, el paciente.

El deber de secreto profesional abarca todo lo que el paciente diga sobre su intimidad, no sólo a los datos sanitarios. Además, el secreto profesional no acaba con la muerte del paciente. Ello es así porque desvelar datos de un paciente ya fallecido supondría dañar su derecho a la propia imagen. Esto supondría violar el principio de no maleficencia. Pensemos, por ejemplo, si un enfermero desvelara a la viuda la infidelidad de su esposo difunto.

La relación entre el deber de secreto profesional con la confidencialidad surgió en el siglo XX, con el principio de Autonomía del paciente. El derecho a la confidencialidad de los datos trata de proteger todo aquello que forma parte del dominio privado o íntimo de la persona (vida privada y familiar, honor, reputación, domicilio, etc...) y que explicamos en la sección anterior. Así, el derecho a la confidencialidad hace referencia al derecho de la persona a que esos datos, tanto los privados como los íntimos, permanezcan en secreto. Ese derecho a la confidencialidad de los datos supone un deber de secreto para los profesionales.

Por ello, en la actualidad el deber de secreto profesional y el derecho a la confidencialidad de los datos personales están entrelazados. De hecho, en el caso de la sanidad, los datos relativos al cuerpo y la salud de las personas cuentan con una protección especial.

No obstante, en la actualidad, con el desarrollo de la inteligencia artificial, la protección de la confidencialidad está en peligro. Como señala Cathy O'Neil en su libro *Armas de destrucción matemática*, las empresas utilizan los datos de nuestro rastro en la red (redes sociales, búsquedas en Google, etc...) para inferir otros datos a los que directamente no tienen acceso. De esta forma infieren otros aspectos de nuestra personalidad para vendernos más productos. Por ejemplo, las empresas no tienen acceso a nuestro historial médico, pero si alguien busca en Google contenidos sobre depresión, recibirá anuncios de medicamentos antidepresivos. O si busca contenidos sobre potencia sexual, recibirá anuncios de Viagra o de extensores de pene. Quizá hayas introducido esos datos porque estés haciendo un TFG sobre pacientes de depresión. Pero Google inferirá que quien padece depresión eres tú, y te llegarán anuncios de antidepresivos.

El deber de secreto profesional comporta una serie de recomendaciones que deben ser tenidas en cuenta:

1) Salvo que el paciente se encuentre en situación de incapacidad, no debe proporcionarse información a la familia o allegados, a menos que el paciente lo autorice. (Recordemos aquí que el sujeto de información clínica es el paciente).

2) Tampoco deben comentarse los datos relativos a la salud del paciente a otros profesionales no vinculados a la atención de ese paciente.

3) La historia cínica debe permanecer confidencial. A ella sólo pueden tener acceso los profesionales relacionados con la asistencia del paciente. Debe ser tratada con la máxima cautela.

4) Pero, sobre todo, la confidencialidad hace referencia a la relación de comunicación con el paciente. Violar dicha confidencialidad, quebrará la relación de confianza entre sanitario y paciente.

7.3.1. EXCEPCIONES AL DEBER DE SECRETO PROFESIONAL:

Sobre las excepciones, el *Código Deontológico de la Enfermería Española* sólo señala en su Art. 20 que:

"La Enfermera/o informará de los límites del secreto profesional y no adquirirá compromisos bajo secreto que entrañen malicia o dañen a terceros o a un bien público."

Por su parte, el *Código Deontológico de Deontología Podológica de la Comunitat Valenciana*, en su Art.7 especifica tres excepciones:

a) Ante los tribunales de justicia. En este caso podría recibir asesoramiento del Colegio de podólogos.

b) Cuando se vea injustamente tratado por el mantenimiento del secreto de un paciente y éste sea el responsable voluntario del perjuicio.

c) Al requerimiento del Colegio como acusado o cuando sea llamado a testificar en materia disciplinaria.

Pero las excepciones al secreto profesional las encontramos especificadas de forma más amplia en el Código *Deontológico de la Medicina de la Organización Médica Colegial* (art.30.1). Son de 3 tipos:

1) Estado de necesidad:

Para evitar un mal propio o ajeno, siempre que el mal causado (quiebra del secreto) no sea mayor que el que se trate de evitar. Por ejemplo, si un profesional descubre que un compañero de trabajo padece una enfermedad infecto-contagiosa y lo pilla empleando jeringuillas para su medicación que luego usa con pacientes, este compañero podría pedirle que guardara secreto profesional de su enfermedad y de su práctica de empleo de jeringuillas. Sin embargo, el profesional tiene el deber de revelar el secreto a sus superiores para evitar el contagio de pacientes. En este caso, el daño a evitar (el contagio de pacientes) es superior al daño causado al compañero enfermo de revelar su enfermedad.

2) Cumplimiento de otro deber superior:

a) De carácter legal:

• *Deber de denunciar un delito.* Por ejemplo, cuando alguien llega a un ambulatorio rural con herida de bala y pide al enfermero de guardia que le cure y que se deshaga del proyectil. Aquí el profesional debe, en primer lugar, atender al paciente, porque es su deber profesional. También debe dejar que se vaya para no poner en riesgo su propia vida. Pero seguidamente debe denunciar a la policía lo sucedido y guardar todas las pruebas posibles, ya que, de lo contrario, estaría colaborando con la comisión de un delito y podría ser inculpado de encubrimiento o de destrucción de pruebas.

• *Deber de impedir un delito.* Por ejemplo, cuando un enfermero pilla a un enfermero interino con las preguntas de las oposiciones. Debe denunciarlo para que no se viole así el principio de igualdad de oportunidades. Además, aunque el interino le pidiera que guardara secreto de lo ocurrido, el enfermero debería denunciarlo, ya que el secreto profesional no ampara la comisión de actos ilegales.

• *Deber de declarar como testigo en un juicio.* Cuando un profesional sanitario es llamado para declarar como testigo, tiene la obligación de decir la verdad. Eso sí, debe limitarse a declarar lo estrictamente necesario referente al caso que se juzga y no contestar nada que vaya más allá del objeto del caso que se juzga. Por ejemplo, no tendría por qué contestar a preguntas relativas a asuntos familiares del paciente si éstas no son relevantes para el caso.

Las únicas profesiones en las que el secreto profesional prevalece sobre el deber de declarar como testigo son la abogacía (porque prevalece el secreto de las comunicaciones entre el cliente y su abogado) y el sacerdocio (porque el reo se confiesa ante Dios y no ante las personas). Pero en el resto de profesiones (podología, enfermería, periodismo, etc…) el deber de secreto profesional queda subordinado al deber jurídico de declarar la verdad como testigo.

b) De naturaleza sanitaria:

• *Deber de comunicar casos de enfermedades infectocontagiosas.* Cuando un paciente es diagnosticado de SIDA, el profesional tiene el deber de comunicarlo a su pareja, por su seguridad. Aquí se produce un choque de derechos: el derecho del paciente a

126

mantener secretos sus datos sanitarios y el derecho de la pareja a no poner en riesgo su salud. En este caso, prevalece el derecho de la pareja a su salud. Por ese motivo, aunque el paciente pida al profesional que guarde secreto, el profesional debe comunicar la situación a la pareja.

Del mismo modo, en el caso de las enfermedades de declaración obligatoria, es habitual que muchos pacientes oculten su enfermedad a profesionales sanitarios a los que acuden ocasionalmente, como dentistas o podólogos. Por ese motivo, esos profesionales deben extremar las medidas de protección en su lugar de trabajo.

No obstante, en todos estos casos señalados en que el deber de secreto profesional se pone entre paréntesis (estado de necesidad, cumplimiento de un deber jurídico superior o un deber de naturaleza sanitaria), la información proporcionada debe limitarse a la estrictamente necesaria. Además, el deber de secreto profesional no concluye con la muerte del paciente.

BIBLIOGRAFÍA:

BERNAT, Adell. "Máximos y mínimos. Ética del cuidado. Ética de la enfermería". Material del *Curso de Especialista en Bioética* de la Universitat Jaume I de Castellón. Texto inédito.

CAMPS, Victoria. "La excelencia en las profesiones sanitarias", *Humanitas*, nov. 2007.

CASTILLA DEL PINO, Carlos. *De la intimidad,* Crítica, Barcelona, 1989.

Código Deontológico de la Medicina.

Código Deontológico de la Enfermería Española.

Código de Deontología Podológica de la Comunitat Valeniana.

CORTINA, Adela. *Ética de la razón cordial.* Oviedo: Nobel, 2007.

FEITO GRANDE, Lydia. *Ética y enfermería.* Madrid: San Pablo, 2009, cap.8.

O'NEIL, Cathy. *Armas de destrucción matemática. Cómo el big data aumenta la desigualdad y amenaza la democracia.* Madrid: Capitán Swing Libros, 2017.

SEN, Amartya. *Desarrollo y libertad.* Barcelona: Planeta, 2000.

WEBER, Max. *El político y el científico.* Madrid: Alianza, 1998.

TEMA 10:
ÉTICA AL FINAL DE LA VIDA.

1. INTRODUCIÓN:

La legalización de la eutanasia en España hace necesario abordar este tema de un modo detenido. En primer lugar, con el objetivo de centrar el marco del debate ético en torno a la eutanasia, señalaré que este debate toma como base la confrontación entre dos concepciones de la dignidad de la vida que resultan inconmensurables. Una es de origen religioso y que en la modernidad tiene como principal referente a Kant. La otra es de corte liberal y hedonista. Analizaré ambas concepciones de la dignidad, con sus ventajas e inconvenientes. Comprender ambos modelos de vida digna nos permitirá, posteriormente, afrontar la cuestión de la eutanasia. Así, expondré el fundamento filosófico de la eutanasia. Después desgranaré los modelos de eutanasia que existen y su diferencia con el suicidio asistido. A continuación, expondré el marco legal que regula la práctica de la eutanasia en nuestro país y realizaré un análisis ético sobre la ley. El tema concluye con unas recomendaciones sobre los cuidados enfermeros de los grandes dependientes y con una exposición sobre cómo ha evolucionado la actitud hacia la muerte a lo largo desde la Antigüedad hasta hoy.

2. CONCEPCIONES DE LA DIGNIDAD DE LA VIDA:
2.1. CONCEPCIÓN ABSOLUTISTA:

Quienes se oponen a la eutanasia lo hacen porque parten de una concepción concreta de la dignidad humana, aquella concepción según la cual la vida humana posee un valor absoluto, con independencia del juicio que pueda hacer el propio sujeto sobre su vida. La vida en este modelo es digna por sí misma. Esta idea tiene un origen religioso en el cristianismo. En esta religión la vida es un don divino. Así, es Dios quien da la vida y quien decide cuándo quitarla y el hombre no puede disponer de su propia vida a su voluntad.

En la Modernidad, Kant secularizará esta idea de dignidad como valor absoluto y dirá que las personas tienen dignidad y no precio. Es decir, las personas son fines en sí mismas y no sólo un medio. Así lo establece Kant en una de las formulaciones de su imperativo categórico: "Obra de tal modo que uses a la humanidad, tanto en tu persona como en la persona de cualquier otro, siempre al mismo tiempo como fin y nunca simplemente como medio".

Kant dice "nunca simplemente como medio" porque, en realidad, todos somos un medio para otros. Yo soy un medio para vosotras para aprobar la carrera y vosotras sois un medio para mí para tener un trabajo. También vuestros padres son un medio para vosotras y vosotros para pagaros la carrera y daros de comer y vosotras seréis un medio para vuestros padres cuando os necesiten para cuidarles.

Ahora bien, la persona es "nunca simplemente un medio" porque, además de ser un medio para otros, es también un fin en sí misma y como tal debe ser respetada. Esto significa que la persona no puede ser instrumentalizada como un medio, ni por parte de otros, ni por sí misma para conseguir un objetivo cualquiera que viole la dignidad de esa persona. Respecto de otros, no es ético robar a una persona para quedarse su dinero. Pero respecto a la persona misma, para Kant la persona no puede disponer de su vida conforme a su propia voluntad, porque si, por ejemplo, decidiera suicidarse porque tiene grandes sufrimientos físicos, estaría utilizando su propia vida como un medio para acabar con sus padecimientos. La vida humana tiene un valor absoluto que no puede mediatizarse para acabar con el propio dolor. Es decir, la persona tiene una dignidad inherente con independencia de su voluntad y de su situación personal o familiar.

Así, en este modelo de dignidad no tiene sentido hablar de "vida digna". Porque todas las vidas son dignas, con independencia de su situación de enfermedad. Por eso Kant condena el suicidio (y la eutanasia).

2.2. CONCEPCIÓN LIBERAL-HEDONISTA:

Frente a la concepción absolutista de la dignidad, está otra de corte liberal y hedonista. Este modelo parte de los derechos ya consolidados: la persona puede tomar decisiones autónomas sobre los diferentes aspectos de su vida (ideología, religión, familia, trabajo, etc…) y también, gracias al principio de Autonomía, en la salud (si quiere rechazar un tratamiento, como recoge la Ley de autonomía del paciente). Pues si estos derechos existen, sobre todo el de rechazar un tratamiento, este modelo de dignidad humana entiende que la persona también debe poder decidir cuándo acabar con su vida.

Para este modelo, la dignidad humana no reside en un valor absoluto de la persona, sino en la voluntad humana. Es la persona libremente quien decide cuándo su vida deja de tener sentido para ella. Y tal vez lo que alguien puede considerar digno para ella misma, para otra persona no lo sea. Por ejemplo, una persona puede ser muy religiosa y pensar que la enfermedad que padece es una carga que debe soportar. En cambio, otra persona con esa misma enfermedad quizá sea menos religiosa y piense que para ella no tiene sentido seguir soportando los dolores que padece. Por esa razón este modelo defiende que se respete la libertad de la persona para fijar lo que considera digno para ella sin imponerlo a los demás. Por eso este modelo tampoco quiere que nadie le imponga a una persona cuál debe ser su idea de dignidad. Así en este modelo habrá "vidas dignas" y otras que no son dignas, siendo cada cual el que decide si su vida es o no digna.

¿Y cuál es el criterio por el que una persona decide si su vida es o no digna para ella? Aquí entra el segundo componente: el hedonismo. El hedonismo es una filosofía según la cual la felicidad consistía en el placer. Pero el placer no es el simple gozo. El placer consiste en un equilibrio entre exceso de placer y dolor. Por ejemplo, si te vas de fiesta y te pasas con la bebida, al principio lo pasarás muy bien, pero al día siguiente tendrás una resaca terrible. En ese proceso has pasado de un exceso de placer (la fiesta) a un sentimiento de dolor (la resaca). Por tanto, no ha habido un equilibro de placer porque no has sabido beber con moderación.

El hedonismo aplicado a la eutanasia implica que qué sea una vida digna dependerá de un cálculo de placer y dolor que realiza la persona. La "vida digna" es aquella que supera un umbral mínimo de bienestar establecido a juicio del propio sujeto. Cuando se baja de ese umbral, la vida de la persona deja de ser digna y entonces la persona reclama el derecho a decidir acabar con su vida. En todo caso es cada persona la que debe fijar el umbral de bienestar que representa para ella la felicidad. Por ejemplo, alguien muy religioso que cree que es Dios quien debe poner fin a su vida, tendrá un umbral de bienestar más alto y estará dispuesta a aguantar más padecimientos que otra persona que, viéndose impedida, considere que no puede llevar una vida como a ella le gustaría. Esta otra persona puede tener un umbral de bienestar más bajo y, en consecuencia, aguantará menos los padecimientos y pedirá antes la eutanasia.

3. PROBLEMAS DE AMBAS CONCEPCIONES:

3.1. PROBLEMA DE LA CONCEPCIÓN ABSOLUTISTA:

La concepción absolutista tiene el problema de que no respeta la autonomía de la persona, al establecer un modelo de dignidad para todas las personas. Eso resulta conflictivo en una sociedad pluralista donde conviven varios modelos de vida buena. Además, choca con el principio de Autonomía del paciente, en concreto con el derecho a rechazar un tratamiento, recogido en la Ley General de Sanidad de 1986.

3.2. PROBLEMA DE LA CONCEPCIÓN LIBERAL-HEDONISTA:

Por su parte, la concepción liberal se enfrenta a otro problema: frente a lo que pudiera pensarse, lo que la persona considera digno no lo decide ella libremente, sino que depende de la sociedad en la que vive. Por ejemplo, hoy no se considera digno vivir sin agua corriente, pero eso era lo más normal hace cien años. Ello refleja que en realidad lo que una persona considere digno le vendrá dado por lo que la sociedad considera digno. En otras palabras, es el entorno que rodea a la persona el que hace sentir a la persona si su vida es o no digna. Llevado al caso de la eutanasia, el enfermo considerará que su vida no es digna no porque él o ella lo decida libremente, sino porque percibirá en su entorno un ambiente hostil que le hará sentirse como un estorbo, por ejemplo. Si, por el contrario, la sociedad trabajara para mejorar las condiciones de vida de los enfermos terminales, habría menos de ellos que considerarían su vida como no digna.

En relación con esto último, al basar la dignidad de la vida en el bienestar, esta concepción muestra una mentalidad conservadora y adaptativa al entorno. Todo lo que no es adaptativo (la discapacidad, la enfermedad, etc...) se ve como no digno. Esto hace que las instituciones, en lugar de buscar transformar la realidad para que la vida de los enfermos y discapacitados sea más fácil, desechan a los discapacitados porque no se adaptan a nuestro mundo actual. Pero una sociedad que aspire a ser mejor debe procurar ser mejor también para los más necesitados, los enfermos terminales y grandes dependientes. De ahí que sea tan importante la inversión en I+D+i en nuevas tecnologías para hacer la vida más fácil a estos colectivos, así como la inversión en dependencia.

De hecho, hoy las condiciones de vida son algo más fáciles para los dependientes. Por ejemplo, los parapléjicos antes no podían trabajar de casi nada, mientras que hoy ya pueden trabajar de muchas cosas o también conducir. O pensemos también cómo los edificios se han adaptado con rampas para el acceso de personas en silla de ruedas, o en la tele se emplean subtitulados para sordos. Este sería el camino a seguir para hacer más fácil la vida también a los grandes dependientes. Pero esto requiere de una mucho mayor inversión en dependencia de la que hay en la actualidad.

En las siguientes secciones abordaré la práctica de la eutanasia, tanto desde el punto de vista filosófico como legal y ético.

4. EUTANASIA:

4.1. FUNDAMENTO ÉTICO:

El término "eutanasia" proviene del griego *eu-tanatos*, que significa "buena muerte". Consiste en la acción médica por la que se acelera el proceso de muerte de una persona, o se le quita la vida, a petición expresa del paciente o del representante legal.

La eutanasia se aplica, principalmente a los enfermos terminales, aunque también se puede aplicar a personas que sufren graves padecimientos y enfermedades crónicas.

El problema ético de la eutanasia a enfermos terminales reside en el choque de dos principios de la ética médica. Por un lado, está el compromiso profesional por procurar la salud de los enfermos de acuerdo al Principio de Beneficencia. Este principio incluye el compromiso en favor de prolongar la vida del enfermo y la recuperación de su salud. Los profesionales sanitarios han sido formados para salvar las vidas humanas amenazadas por la enfermedad.

Sin embargo, la acción médica tiene también la exigencia de humanizar la situación del enfermo próximo a la muerte, como recogía la cuarta meta de la medicina. Es decir, el deber de mantener la vida del paciente no significa que eso se deba hacer a cualquier precio.

Esto nos conecta con la idea del encarnizamiento terapéutico. El médico debe preguntarse hasta qué punto es racional seguir prolongando a vida del enfermo. Es decir, debe pensarse más en la calidad de vida y no sólo en la cantidad. Porque no debe prolongarse la vida del enfermo de una manera fútil. No tiene sentido prolongar un tratamiento que no produce ninguna mejora efectiva. En ese caso es ético dejar morir a la persona en paz. De lo contrario, si prolongamos inútilmente un tratamiento se estará provocando un daño al paciente, faltando con ello al principio bioético de no dañar. Por ese motivo el encarnizamiento terapéutico no es éticamente aceptable. Esto nos lleva a distinguir entre la eutanasia activa y la pasiva.

4.2. MODELOS DE EUTANASIA:

4.2.1. EUTANASIA PASIVA:

La eutanasia pasiva es ética y se recurre a ella en casos de la futilidad del tratamiento de los enfermos terminales. Cuando se desenchufa al paciente del respirador no es porque dé lástima, sino porque la alimentación que se introduce artificialmente en el cuerpo no nutre al cuerpo ni le causa ya ningún beneficio, pues el cuerpo, por su estado de la enfermedad, no la asimila. En esa situación mantener con vida a una persona es fútil y es encarnizamiento terapéutico. Por eso no hay aquí ningún problema ético en limitar un tratamiento que mantiene con vida a una persona de una forma fútil. En cualquier caso, la eutanasia pasiva debe ser solicitada y autorizada por los representantes legales del enfermo terminal.

4.2.2. EUTANASIA ACTIVA:

Pero ¿qué sucede cuando es el paciente quien libremente y de una forma madurada y reiterada, solicita que se acabe con su vida porque no la considera digna? Este es el caso de la eutanasia activa. La eutanasia activa consiste en el proceso por el que un profesional sanitario, previa solicitud del paciente, suministra una sustancia al paciente para provocar su muerte. En nuestra sociedad se considera la libertad un valor supremo. Por ese motivo éticamente resulta difícil negar el derecho de alguien que solicita que se termine con su vida.

La diferencia entre la eutanasia pasiva y la eutanasia activa es doble:

Una primera diferencia afecta al paciente al que se aplica. La eutanasia pasiva se aplica sobre enfermos terminales, a los que simplemente se les deja morir. En cambio, la eutanasia activa la pueden solicitar no sólo enfermos en la fase terminal de la enfermedad, sino también otros pacientes con enfermedades incurables que pueden tener un pronóstico de vida limitado, pero cuya muerte no es próxima. También la pueden solicitar sujetos que sufren un padecimiento crónico y limitante de su autonomía.

La segunda diferencia se refiere a su procedimiento: en la eutanasia pasiva se deja morir al paciente terminal retirándole el respirador. Por el contrario, en la eutanasia activa un profesional provoca la muerte al paciente que la solicita (siempre con su consentimiento) suministrándole una sustancia letal.

Este diferente modo de procedimiento es clave para determinar la diferencia ética entre ellas. La eutanasia pasiva es ética porque en ella simplemente se está dejando morir a la persona que está en la fase terminal de su vida. Por tanto, no se interviene de forma activa en el proceso natural de la muerte. En cambio, en la eutanasia activa sí hay una acción dirigida a provocar la muerte de una persona que de por sí no iba a morir de forma próxima, aunque esa acción cuenta, en todo caso, con el consentimiento expreso del paciente. Por eso esta forma de provocar la muerte de la persona no es sino una forma de matar a esa persona, aunque sea con su consentimiento. De ahí que se mantenga la diferente consideración ética ente matar y dejar morir.

5. SUICIDIO ASISTIDO:

Si partimos de la dignidad basada en la libertad personal hemos de distinguir entre la eutanasia activa y el suicidio asistido. En la eutanasia activa el paciente solicita que un profesional sanitario realice la acción por él. Mientras, en el suicidio asistido el paciente solicita que se le proporcionen los medios para acabar con su vida, pero es el mismo paciente el que se provoca la muerte, porque él por sí mismos no se puede suicidar (pensemos en un tetrapléjico). Así, por ejemplo, la eutanasia activa consiste en que un profesional pone una inyección letal a un paciente. En cambio, en el suicidio asistido, el médico simplemente pone un vaso con cianuro en la mesita del enfermo y es el propio enfermo el que se lo bebe con una pajita.

Así pues, la diferencia entre la eutanasia activa y el suicidio asistido radica en el sujeto de la acción: en la eutanasia activa el sujeto protagonista es el médico, ya que es el que realiza la acción de provocar la muerte. En cambio, en el suicidio asistido el protagonista de la acción es el paciente, ya que es el que se introduce la sustancia letal, por ejemplo, bebiendo cianuro de un vaso con una pajita.

6. MARCO LEGAL DE LA EUTANASIA:

Desde junio de 2021 la eutanasia es legal en España. Se rige por la Ley Orgánica 3/2021 del 24 de marzo de regulación de la eutanasia. Esta ley establece el derecho de toda persona a solicitar y recibir la prestación de ayuda para morir. En la línea de la concepción liberal-hedonista, la ley busca despenalizar la eutanasia en determinados supuestos, y se fundamenta en los derechos fundamentales a la vida y a la integridad física y moral de la persona, así como en los bienes constitucionales protegidos de la dignidad, la libertad o la autonomía de la voluntad, recogidos en la Constitución Española.

La ley entiende por eutanasia únicamente la "eutanasia activa", que es definida como el "acto deliberado de dar fin a la vida de una persona, producido por voluntad expresa de la propia persona y con el objetivo de evitar un sufrimiento". Por tanto, la ley asume como legal también la eutanasia pasiva que, como vimos, éticamente no tiene reproche alguno, al basarse en el acto pasivo de dejar morir al paciente que se encuentra en una situación terminal y con un tratamiento fútil.

La ley distingue dos conductas eutanásicas distintas:

Por un lado, la propia eutanasia activa, entendida como la acción por la que un profesional sanitario pone fin a la vida de un paciente previa petición expresa de éste.

Por otro, el suicidio asistido (no definido así en la ley), consistente en que el profesional sanitario proporciona al paciente una sustancia para acabar con su vida, pero es el propio paciente el que se la autoadministra.

En ambos casos, la eutanasia sólo se aplicará a pacientes que se encuentren en una de estas situaciones sanitarias (art.5, 1, d):

a) Aquellas situaciones en las que el paciente padece una enfermedad grave e incurable, que origine sufrimientos físicos y psíquicos insoportables y que cuenta con un pronóstico de vida limitado.

b) Aquellas situaciones en las que el paciente experimente un padecimiento grave, crónico e imposibilitante que comporte una limitación sobre su autonomía física y actividades de la vida diaria, así como sobre la capacidad de expresión y relación y que llevan asociado un sufrimiento físico y psíquico constante e intolerable para el paciente. Serán, en todo caso, situaciones que vayan a persistir en el tiempo sin posibilidad de cura o mejoría apreciable.

c) Aquellas personas que en sus voluntades anticipadas expresaran la voluntad de recibir la eutanasia.

El proceso de solicitud de la eutanasia por parte del paciente se hará por escrito ante un profesional sanitario y esa solicitud se incorporará a su historia clínica. Tras la solicitud, el profesional sanitario establecerá con el paciente un proceso deliberativo sobre su diagnóstico, posibilidades terapéuticas, resultados esperables, así como sobre posibles cuidados paliativos. Tras un periodo de reflexión de 15 días, el paciente podrá presentar una segunda solicitud y tendrá lugar un segundo proceso deliberativo para resolver las dudas que pueda tener el paciente. Si el paciente desea continuar con el proceso de eutanasia, el profesional informará al equipo asistencial, especialmente al personal de enfermería, y, si lo autoriza el paciente, a los familiares o allegados. Un médico consultor deberá corroborar el cumplimiento de las condiciones legales para la aplicación de la eutanasia. Asimismo, se creará una Comisión de Garantía y Evaluación en las comunidades autónomas, compuesta por sanitarios y juristas, que tendrá como misión resolver las eventuales reclamaciones de pacientes o profesionales.

7. CONSIDERACIONES ÉTICAS:

Esta ley, como hemos señalado, se basa en el los valores de la autonomía y la dignidad de la persona y, por tanto, recoge las ventajas de ese modelo liberal-hedonista de vida digna:

En primer lugar, la ley reconoce la autonomía del paciente para decidir sobre su salud, ampliando el ejercicio de esa autonomía al momento de morir. Así la ley representa una ampliación de derechos. Supone el reconocimiento efectivo y pleno del derecho del paciente a rechazar un tratamiento y poner fin a su vida si así lo desea para acabar con una situación de sufrimientos insoportables.

También interpreta el valor de la dignidad en el sentido señalado dentro del modelo liberal-hedonista, como el umbral de bienestar fijado por el propio sujeto de acuerdo a su orden de valores. Es decir, la ley respeta el modelo de vida digna que tenga cada persona, como es propio dentro de una sociedad pluralista. No se impone a nadie un modelo de vida digna que no sea acorde a sus convicciones.

Otro aspecto positivo de la ley es que reconoce la libertad de conciencia de los profesionales sanitarios para no practicar la eutanasia. En todo caso, ese derecho queda limitado a que haya otros profesionales dispuestos a practicar la eutanasia solicitada por el paciente. Esto, precisamente, saca a la luz una paradoja de la democracia. La democracia es un sistema basado en derechos que chocan entre sí. Si todos los sanitarios se declararan en objeción de conciencia, obligar a alguno a practicarla violaría su derecho a la libertad de conciencia, pero no hacerlo violaría el derecho del paciente a la eutanasia. Por tanto, vemos cómo la democracia es un sistema complejo en el que continuamente chocan derechos, y ese conflicto finalmente viene regulado por el derecho, como en el caso que nos ocupa mediante la regulación de la eutanasia.

Por último, la ley pone énfasis en el proceso deliberativo entre el profesional sanitario y el paciente. De esta forma, esta ley puede significar un impulso al reconocimiento de autonomía del paciente, a la relación de simetría entre médico y paciente, así como también a la concepción del documento de consentimiento informado como proceso de comunicación.

Ahora bien, aceptando todos estos elementos positivos, la ley se enfrenta, al menos, a dos objeciones éticas:

Incongruencia sobre los sujetos a los que es aplicable la eutanasia:

La ley no limita su aplicación a los denominados pacientes terminales. Estos son aquellos que se encuentran en la fase cercana a la muerte de una enfermedad incurable, en un proceso de progresión rápida, sin respuesta al tratamiento específico de la enfermedad, con presencia de complicaciones diversas y dolores agudos, con un gran impacto emocional sobre el enfermo y cuyo pronóstico de vida es entre seis meses y un año.

La ley de eutanasia se aplica a todo aquel paciente con una enfermedad "con un pronóstico de vida limitado", pero no especifica cuánto tiempo. Además, se aplica a aquellos que se encuentren en una situación de padecimiento "grave, crónico e imposibilitante" (art.5.1 d). Esto implica que podrán solicitar la eutanasia no sólo los enfermos terminales, sino también todos los pacientes que padezcan una enfermedad incurable con un pronóstico de vida limitado, pero de varios años, como los pacientes de ELA, así como los que padezcan un padecimiento grave y crónico, como los tetrapléjicos a causa de accidentes o los pacientes de daño cerebral.

Ahora bien, esta diversidad de casos a los que es aplicable la eutanasia no significa que la ley de eutanasia vaya a crear una barra libre para incitar a los ancianos a solicitarla, como consideran sus críticos. Esta crítica se basa en la conocida falacia de la bola de nieve: si se permite A, luego se permitirá B y luego pasará C. Por ejemplo, si aprobamos la legalización de la marihuana, luego vendrá la legalización de la cocaína y la heroína, y acabaremos con los jóvenes destrozados por la droga como en los años noventa. Este es un argumento falaz que no cabe aplicar a la eutanasia, ya que en la ley los casos a los que es aplicable esta práctica, aunque son diversos, no admiten una interpretación tan laxa como para abrir la eutanasia a cualquier persona que la quisiera porque estuviera cansada de vivir.

Sin embargo, en relación a los sujetos que pueden solicitar la eutanasia, la objeción que puede plantearse es otra: ¿por qué la ley limita su aplicación a los sujetos que padecen un dolor físico y no se aplica por igual a los que padecen un sufrimiento psicológico? Es decir, si la ley quiere respetar la idea de vida digna de cada cual, ¿por qué la ley se limita a reconocer el derecho a la eutanasia a aquellas personas que sufren un padecimiento físico o una enfermedad grave y no se amplía también a los casos de sufrimiento psicológico? Ya explicamos en el tema 4 la diferencia entre el dolor físico y el sufrimiento psicológico. Pero si entonces dijimos que el sufrimiento psicológico también debía ser atendido por la sanidad, ¿por qué no iba a ser también un supuesto para la aplicación de la eutanasia? Es decir, si admitimos la eutanasia para un enfermo de ELA, ¿por qué no la admitimos para alguien que sufre por la pérdida de un familiar, por una ruptura amorosa o por una quiebra económica y que no desea vivir?

En la base de esta objeción subyace esta otra pregunta que todos deberíamos hacernos: ¿por qué reaccionamos de diferente manera ante el padecimiento físico que lleva a la gente a pedir la eutanasia y ante el sufrimiento psicológico que lleva a la gente a intentar suicidarse? ¿no deberíamos respetar la decisión de las personas que libremente deciden suicidarse? ¿no es esa también una muerte digna? ¿por qué instintivamente tratamos de disuadir a los suicidas y en cambio respetamos a los enfermos crónicos que desean la eutanasia? ¿por qué animamos a vivir a los suicidas que sufren por una ruptura amorosa y no a los enfermos de ELA que piden la eutanasia? ¿es acaso menos digna la vida de los tetrapléjicos que la de los suicidas que se arruinan por la pandemia? ¿no hemos quedado en que debe ser cada cual el que decida si su vida es o no digna? ¿entonces por qué no incluir el sufrimiento psicológico como un supuesto para la eutanasia? ¿por qué no respetamos la decisión de los suicidas? Incluso hasta el siglo XIX el intento de suicidio era delito. La gente que intentaba suicidarse y fallaba, acababa en la cárcel. Así pues, ¿quién decide que un motivo para morirse es estar encamado y no el sufrir un rechazo amoroso?

Esta diferente actitud que tenemos ante el dolor físico y el sufrimiento psicológico es la que explica que la ley de eutanasia sólo se aplique al primero pero no al segundo. Esta diferencia la hacemos porque, como decíamos al abordar el problema de la concepción liberal-hedonista, consideramos todo lo limitante de nuestra autonomía (la discapacidad, la enfermedad) como un elemento que mina la dignidad de las personas. Por eso reaccionamos de manera diferente ante un discapacitado que pide la eutanasia y ante un suida. Porque en el suicida reconocemos a alguien válido, es decir, que se vale, y puede seguir viviendo de forma autónoma. Por eso no aceptamos que se quiera quitar la vida y tratamos instintivamente de convencerlo de que la vida vale la pena vivirla. En cambio, en el discapacitado vemos a alguien mermado en su autonomía y, por tanto, dañado en su dignidad. Pensamos, entonces, que una vida con la autonomía mermada, vale menos la pena.

En todo caso esta diferente reacción natural ante el discapacitado y ante el suicida es incongruente con el hecho de querer respetar la idea de vida digna que tenga cada cual y que inspira la ley de eutanasia. Porque reconocer la concepción de vida digna de cada cual, por pura lógica, debería llevar a aceptar las decisiones de los suicidas, algo que no hacemos.

Ausencia de libertad real de elegir entre vivir o morir:

La segunda objeción ética que cabe hacer a la ley es la misma que se realiza al modelo liberal-hedonista: garantiza una libertad formal de elegir, pero no una libertad material. La libertad formal consiste en el reconocimiento de un derecho legal a hacer algo. En cambio, la libertad material consiste en garantizar que se puedan ejercer efectivamente esos derechos. Por ejemplo, un ciudadano cualquiera y un gran empresario tienen un voto que formalmente vale lo mismo: una persona, un voto. Así su libertad política formal es la misma. Pero el gran empresario puede financiar a un partido para que aplique medidas que le beneficien. En cambio, un ciudadano se tiene que conformar con las promesas de los políticos a cambio de su voto, porque no tiene ningún poder efectivo para hacer que sus demandas se lleven a cabo políticamente, más allá de retirarles el voto dentro de cuatro años. Por tanto, mientras la libertad política formal del gran empresario y del ciudadano son la misma (un voto), la libertad política material no es igual en los dos: el rico tiene un poder e influencia que el ciudadano de a pie no tiene.

Pues en la sanidad sucede algo parecido: alguien puede tener el derecho formal a la sanidad porque tiene tarjeta sanitaria. Pero si resulta que vive en un pueblo en el que no hay ambulatorio y el centro médico más cercano está a una hora de viaje, su derecho material a la sanidad se ve menoscabado porque no tiene las mismas oportunidades reales de ver atendida su salud que alguien que vive en la ciudad. Por eso el Estado no solo debe garantizar derechos formales, sino también derechos materiales a través de garantizar la igualdad de oportunidades en los diferentes ámbitos: sanidad, educación, participación política, etc....

Esto, aplicado a la actual ley de eutanasia sería así: Todas las personas tienen el derecho formal a elegir la eutanasia, pero no una libertad material, porque la alternativa a la eutanasia es seguir como están ahora, con unos cuidados que, como sucede con los pacientes de ELA o daño cerebral, tienen que pagarse las propias familias, ya que la ley de dependencia no cubre las necesidades de atención de esos pacientes. Los pacientes serían materialmente libres de elegir entre la eutanasia o seguir viviendo si la alternativa a la eutanasia fuera contar con unos cuidados paliativos o de asistencia diaria por parte del Estado. Pero esa alternativa hoy solo la tienen los ricos como Stephen Hawking, que era un científico millonario que contaba con asistentes 24 horas para sus cuidados diarios. Sin embargo, eso hoy los pobres no se lo pueden permitir ni el Estado invierte lo suficiente en dependencia para hacerlo posible.

Por eso, hacer una ley de eutanasia que abre el derecho a morir sin antes hacer una ley de cuidados paliativos que garantice también el derecho a vivir con dignidad, es empezar la casa por el tejado y limitar el derecho a vivir a un derecho formal, que en la práctica supone seguir sufriendo. La ley de eutanasia es un reconocimiento por la vía de los hechos de que la dependencia, la investigación en enfermedades raras o en la ELA, y la sanidad, ni han sido ni son una prioridad para el Estado. Porque no hay una verdadera libertad de elección si la alternativa a la eutanasia es vivir con sufrimientos, a menos que se tengan los recursos económicos para paliarlos, y eso solo lo tienen los ricos. Por tanto, solo los ricos son realmente libres de elegir entre morir o vivir con dignidad. Los demás verán la eutanasia como una vía de escape a su sufrimiento.

Por ese motivo, como decía al abordar la crítica al modelo liberal-hedonista de vida digna, lo prioritario no debe ser aprobar una ley de eutanasia, sino abrir un debate sobre las prioridades de inversión que queremos como sociedad. Si queremos una sociedad mejor también para las personas que padecen alguna situación de dependencia quizá el primer paso no sea la ley de eutanasia, sino garantizarles unos cuidados paliativos y un presupuesto en dependencia que les permita elegir en libertad. Quizá habría sido más prudente comenzar aprobando la eutanasia solo para los enfermos terminales mientras se tramita una ley que garantice el acceso a cuidados paliativos y a ayudas reales a la dependencia a quienes requieran de esos servicios.

Finalmente, dado que la ley hace hincapié en el papel del personal de enfermería, en la siguiente sección haré unas recomendaciones para el cuidado de los pacientes terminales y grandes dependientes que puedan solicitar la eutanasia.

8. RECOMENDACIONES PARA EL CUIDADO DE DEPENDIENTES:

Entre las metas de la medicina está, como vimos, el cuidado de los que no pueden ser curados. Estos son unos pacientes que requieren un trato especial. Su situación de cronicidad de la enfermedad, así como de padecimientos constantes e irreversibles, hace que los cuidados que requieren sean diferentes al resto de pacientes, que esperan su recuperación.

En primer lugar, es importante recordar la actitud de la compasión que vimos en el tema 8. A pesar de la situación de gravedad del paciente, debemos tratarlo con la misma dignidad y respeto, si no más, que a los pacientes que esperan su recuperación.

Se debe también transmitir una confianza al paciente terminal y a sus familiares de que recibirá un cuidado digno. Por ejemplo, se debe dar la seguridad al enfermo y a la familia de que los dolores y sufrimientos serán calmados o suprimidos en la medida de lo posible mediante la aplicación de las sedaciones terminales. No se llaman "sedaciones terminales" porque busquen "terminar" con el paciente, sino porque se aplican en la fase terminal de la enfermedad y con el objetivo de paliar los dolores. Bien es cierto que, en ocasiones, los medicamentos suministrados para paliar los dolores pueden provocar el fallecimiento del paciente. Pero la sedación terminal es una práctica ética porque la finalidad que persigue es calmar el dolor del paciente. El efecto producido de la muerte del paciente es un efecto no deseado ni buscado que, por tanto, no es imputable ni penal ni éticamente al profesional enfermero.

Cuestión diferente es el caso de sanitarios que, por lástima y compasión, deciden sedar a los pacientes terminales con una sobredosis de sedante para provocarles la muerte sin su consentimiento. Ese sería un caso de eutanasia activa, pero sería claramente ilegal, ya que no cuenta con el consentimiento expreso del paciente. Ahora bien, con la nueva legislación, ¿qué pasaría si ese paciente matado por la sobredosis de sedante está inconsciente, pero tenía unas voluntades anticipadas en las que pide la eutanasia? Ese médico habría cumplido la voluntad del paciente, expresada en un documento de voluntades anticipadas. Por lo tanto, ¿sería punible legalmente?

Respecto a los cuidados a enfermos terminales y grandes dependientes, un aspecto a tener en cuenta son los cuidados físicos: los cuidados deben ir dirigidos a mantener el buen estado del cuerpo. Los cuerpos de estos pacientes, como el de los ancianos, se deterioran con la pérdida de movilidad, produciéndose flacidez y aparición de llagas. Por eso las labores de higiene deben ampliarse con masajes, movimientos suaves y aplicación de aceites que prevengan las úlceras. Todo ello procurará bienestar y relajación al cuerpo de los pacientes.

Así también es importante mantener la buena imagen corporal del paciente. De forma general, el enfermo encamado valora mucho su imagen. Al estar limpio se siente más seguro de sí mismo ya que percibe que causa una buena impresión a los demás. La higiene y la buena imagen evitan las caras de desagrado de los familiares y amigos por malos olores. Por eso, mantener al enfermo aseado y con buen aspecto es una muestra de sentido del respeto al cuerpo y a la persona.

Mención especial cabe hacer a la situación de los enfermos como los de ELA, que pierden la capacidad de moverse y de hablar, pero no la sensibilidad. En eso casos el contacto físico, las muestras de cariño (como caricias, cogerles de la mano), transmiten al enfermo una sensación de seguridad y felicidad.

Por último, cabe citar los cuidados psicológicos. En el Tema 4, al abordar las metas de la medicina, ya analizamos la naturaleza del sufrimiento. El cuidado del sufrimiento de estos pacientes pasa por hacerles más confortable la habitación en la que se encuentra recluidos. Esto se consigue con objetos (fotos de familiares) que le traigan buenos recuerdos, celebrar los eventos que puedan alterar la monotonía, como cumpleaños, fiestas familiares, contar anécdotas diarias sucedidas, etc… Estos momentos serán una oportunidad para que el paciente pueda expresar sus sentimientos y percibir el amor de los demás. Quizá este aspecto de los cuidados sea en el que los familiares tengan un papel más directo, pero el personal de enfermería debería participar también de los mismos durante su turno, ya que el enfermo establece una relación emocional con su cuidador. Por ese motivo, dos elementos importantes para el cuidado de los grandes de pendientes son los cuidados culturales, para reconocer los valores del paciente, así como la capacidad de comunicación.

9. ACTITUD ANTE LA MUERTE: DE LA ANTIGÜEDAD HASTA HOY:

Hasta el siglo XVIII, en Europa las personas estaban familiarizadas con la idea de su propia muerte. La muerte era un ritual organizado por la persona que moría. Era una ceremonia pública, alrededor de la cama del moribundo, con los familiares, vecinos, incluyendo a los niños. No se evitaba a los niños la visión de una persona muriendo, más bien lo contrario. La muerte era, pues, un asunto privado (familiar) pero en el que participaban bastantes personas. La muerte era un proceso concreto de la vida y no lo que es hoy: el instante en que la vida termina. El moribundo era consciente de que su vida llegaba a su final y afrontaba ese momento de forma consciente y de acuerdo a un ritual concreto codificado socialmente y que ya había aprendido con la muerte de otros familiares.

Sin embargo, en la actualidad, la cultura de la muerte ha sido voluntariamente apartada de nuestros pensamientos y acciones, al menos de forma aparente. Queda algo de culto a la memoria de los seres queridos, pero se guarda en la mayor intimidad. Nadie piensa en la muerte. Hacerlo se considera un signo de enfermedad o de perversión. Hoy se vive como si la muerte de uno mismo, o de los seres más queridos, nunca fuera a producirse. Esto sucede incluso con la enfermedad. No está socialmente bien considerado hablar de las propias enfermedades y padecimientos, excepto en el ámbito más restringido de la familia.

La muerte hoy se entiende simplemente como el momento en que termina la vida, pero el proceso que lleva al final de la vida es algo tabú. Esto es así porque ha cambiado nuestro modelo de sociedad. El mundo feliz postmoderno como el actual, vive idiotizado por el culto a la juventud y a la belleza. En un primer nivel, hemos de darnos cuenta de que en la sociedad tradicional primaba el respeto a los mayores. El abuelo no sólo vivía con la familia (ahora ya ni eso), sino que era el que tenía razón "porque era el abuelo". El ser mayor le daba a la persona autoridad y respeto. Pero esto era así, porque la persona mayor gozaba de mayor experiencia y, por ende, de mayor conocimiento. Y quien tiene el conocimiento en la sociedad, tiene el poder. La persona mayor era respetada porque tenía poder y autoridad.

Sin embargo, en la actualidad sucede al contrario. ¿Hoy quién tiene el poder en la sociedad? ¿los trabajadores de mayor experiencia y cualificación? No, los hackers de veinte años capaces de entrar en el sistema informático de un banco y transferir millones de euros a una cuenta. Hoy el poder y el respeto no lo tienen los mayores, sino los jóvenes talentos porque son ellos, en tanto que nativos digitales, los que pueden dominar mejor internet, que es donde está el poder y el conocimiento. En cambio, las personas con mayor experiencia son rechazadas. Un parado de 55 años ya no encuentra empleo.

Ante este escenario en que se idolatra la vida, la juventud y la belleza, no es de extrañar que la visión de la muerte sea diferente a la tradicional. Hoy la muerte es evitada, retrasada al máximo, escondida. De ahí que la muerte no se socialice. No se muere en casa rodeado de los hijos, sino en el hospital, incluso en un cuarto aislado (una unidad de cuidados intensivos), intubado e inconsciente. Antes el hospital era el lugar donde iban a morir los pobres: ahora es donde van a morir todos, ricos y pobres. No se va al hospital a ser curado, sino a morir. Pero al morir en soledad en la cama de hospital intubado, no hay una ceremonia o un ritual de morir; la escasa simbología mortuoria se traslada al funeral (una corona de flores y una cruz). Tampoco la muerte se vive como un proceso, pues se oculta hasta al mismo moribundo. Se opta por ocultar a los enfermos que se están muriendo, incluso cuando están en el hospital. Por eso la persona moribunda no suele saber que se está muriendo; incluso ignora de qué se está muriendo. De ahí que la idea de la muerte que impera hoy presente la muerte como algo que acontece de forma tranquila e inesperada, la muerte ya no es un proceso.

Esto explica que en español tengamos múltiples términos vulgares unos, finos otros, (todos eufemismos) para la persona ya muerta: (finado, difunto, cadáver), así como para el momento en que acaba su vida: (palmarla, faltar, estirar la pata, cerrar los ojos, ser llamado por Dios, la última hora, irse al otro barrio…). En medicina se emplea el término "*exitus (vitalis)*" para denotar el momento de la muerte. *Exitus* significa en latín "salida" y se emplea para indicar la "salida mortal". Pero curiosamente en español no tenemos un término específico para el proceso de morir. Sólo empleamos conceptos como los de "paciente terminal" o "paciente crítico", pero son términos técnicos propios de la jerga de la medicina para referirse al proceso de morir. Estos términos son desconocidos en el lenguaje cotidiano. En inglés sí que existe, *dying*, pero nosotros lo traducimos al español como la "agonizante", que denota el proceso emocional que acompaña la muerte (sufrimientos, dolores), no al proceso mismo de la muerte. En otras palabras, en español tenemos palabras para referirnos al momento de morir, pero no al proceso de morirse.

Esta nueva visión ha hecho que la muerte, de ser un hecho normal y familiar, haya pasado a ser un suceso raro e institucionalizado. Se muere en soledad, no únicamente a causa del ocultamiento, sino también a causa de que las personas niegan la muerte y no saben actuar en esas situaciones. La muerte es un tabú en su triple aspecto:

a) En el acto de morir: como hemos dicho, uno se muere solo, en secreto, intubado, con respiración asistida, inconsciente, en una UCI.

b) En el funeral. La falta de socialización de la muerte en familia ha hecho que las personas no sepan muy bien qué hacer con los muertos, ni qué conducta seguir ante un fallecimiento o en un funeral, qué sentimientos tener o cómo expresarlos. La conducta ante la muerte no ha sido socializada, por lo que las personas han tenido pocas ocasiones para aprender. Por eso, la sociedad crea organizaciones (hospitales, industria funeraria, iglesias) que gestionan el proceso de morir y el tratamiento posterior del cadáver.

c) El luto. Esta es una tradición casi olvidada. Las viudas ya no guardan el luto durante años. Y el luto se ha perdido porque el dolor por los difuntos ha pasado a ser un sentimiento íntimo (de ahí expresiones como "la procesión va por dentro"). El luto ya no es un elemento institucionalizado (antes había un luto riguroso, otro leve, etc…) que defina e identifique a la persona como miembro un grupo social (las viudas). Así, por ejemplo, en Israel la ayuda a las viudas y los huérfanos era un deber cívico.

BIBLIOGRAFÍA:

DE MIGUEL, Jesús M. "El último deseo; Para una sociología de la muerte en España", en *Revista REIS*, 71-72/95, 1995, pp. 109-156.

GAFO FERNÁNDEZ, Javier. *10 palabras clave en Bioética*. Estella: Verbo Divino, 1997.

GASULL VILELLA, María. "Enfermería y los cuidados al final de la vida", en Salvador Urraca Martínez (ed.). *Eutanasia hoy. Un debate abierto*. Madrid: Noesis, 1996, pp.431-442.

Ley Orgánica 3/2021, de 24 de marzo, de regulación de la eutanasia.

LLANOS PEÑA, Francisco. "La intervención de enfermería: criterios éticos de actuación", en Salvador Urraca Martínez (ed.). *Eutanasia hoy. Un debate abierto*. Madrid: Noesis, 1996, pp.369-384.